ZHONGGAOBEN ZHUANYE YITIHUA
XIANJIE YANJIU

中高本专业一体化衔接研究

赵　峰　韩慧敏　陈丹萍　◎著

中国书籍出版社
China Book Press

图书在版编目（CIP）数据

中高本专业一体化衔接研究 / 赵峰，韩慧敏，陈丹萍著. -- 北京：中国书籍出版社，2024. 6. -- ISBN 978-7-5068-9927-7

Ⅰ. G71

中国国家版本馆CIP数据核字第20245BY593号

中高本专业一体化衔接研究

赵　峰　韩慧敏　陈丹萍　著

图书策划	尹　浩　李若冰
责任编辑	李　新
责任印制	孙马飞　马　芝
出版发行	中国书籍出版社
地　　址	北京市丰台区三路居路97号（邮编：100073）
电　　话	（010）52257143（总编室）（010）52257140（发行部）
电子邮箱	eo@chinabp.com.cn
经　　销	全国新华书店
印　　刷	廊坊市博林印务有限公司
开　　本	710毫米×1000毫米 1/16
字　　数	216千字
印　　张	16.25
版　　次	2025年1月第1版
印　　次	2025年1月第1次印刷
书　　号	ISBN 978-7-5068-9927-7
定　　价	80.00元

版权所有　翻印必究

前　言

国务院印发的《国家职业教育改革实施方案》提出："随着我国进入新的发展阶段，产业升级和经济结构调整不断加快，各行各业对技术技能人才的需求越来越紧迫，职业教育重要地位和作用越来越凸显。"因此可以看出，职业教育对国家和社会发展的推动作用越来越明显。从国家层面来说，随着"中国制造 2025"进程不断加快，我国经济社会发展对高素质技术技能人才的需求越来越大。但从现实角度来看，我国高级技工缺口比较大，缺口数量超 1000 万。从世界范围来看，德国职业教育发展较为成功，高级技工占 50%，日本占 40%，而我国仅占 5%。从个人层面来说，低层次学历的学习者参加工作的机会越来越少，随着企业的转型，对低层次、低年龄段的劳动力需求越来越少，相反对高层次人才的需求逐年增加，职位需求大数据显示，大专及以上人才需求占比已超过 80%。

为提高高素质技术技能型人才的数量和质量，大力发展高等职业教育，《国家职业教育改革实施方案》指出："提高生源质量，为学生接受高等职业教育提供多种入学方式和学习方式。"因此，如何拓宽职业教育学生入学渠道已成为提高职业教育质量的一大举措。近年来，中职、高职和本科之间的衔接已经发展为普通招考之外的另一大升学渠道。但是在现实中，还存在各种问题制约着中高本衔接模式的发展。

鉴于此，本书主要围绕中高本专业一体化衔接过程中的相关问题进行分析，首先从宏观视角针对职业教育的功能、历史沿革、结构、体系与教学等展开分析，然后分层分段分析中等职业教育、高等职业教育、职业本科教育等的相关问题，最后重点围绕中高本专业衔接的相关理论问题、一体化构建与策略等展开论述，并选择园林工程专业、学前教育专业、跨境电商专业、工艺美术类专业、大数据与会计专业、机械设计与制造专业、建筑工程技术专业中高本专业的衔接过程以点带面，进行有针对性的分析。本书从宏观到微观，点面结合，内容全面而具体，对于职业教育的从业者与研究者具有较好的参考作用。

作者在本书的写作过程中参考了许多相关的学术著作与论文，在此向著作者表示由衷的感谢，同时对于书中由于种种原因而存在的不足与缺陷，也希望各位读者能够予以指正。

作者

2023 年 12 月

目 录

第一章 宏观视角下的职业教育··1
  第一节 职业教育的功能与历史沿革··1
  第二节 职业教育的结构与体系···32
  第三节 职业教育的教学论··40

第二章 中高本教育的分段解析··73
  第一节 中等职业教育解析··73
  第二节 高等职业教育解析··86
  第三节 职业本科教育解析··103

第三章 中高本专业衔接的理论认知··116
  第一节 理论视角下的中高职衔接···116
  第二节 职业教育高本衔接研究··128
  第三节 中高本专业衔接的内涵及实施现状·························136
  第四节 中高本衔接政策发展与地方实践·····························145

第四章 中高本专业一体化的构建与策略··································158
  第一节 中高本一体化技术技能人才培养·····························158
  第二节 中高本一体化模式构建与路径研究·························165

第三节　终身教育理念下职业教育中高本贯通的推进路径……168
　　第四节　基于学分银行角度中高本一体化衔接课程设计………173
　　第五节　基于现代职业教育体系的中高本教材开发……………180
　　第六节　中高本一体化衔接实施与质量保证策略………………183

第五章　中高本专业一体化衔接举隅……………………………190
　　第一节　园林工程专业中高本衔接课程体系构建………………190
　　第二节　学前教育专业中高本贯通人才培养的教学实践………198
　　第三节　基于跨境电商专业中高本贯通培养的课程体系构建…205
　　第四节　工艺美术类专业中高本一体化课程改革………………214
　　第五节　"岗课赛证"背景下大数据
　　　　　　与会计专业中高本衔接路径……………………………224
　　第六节　机械设计与制造专业的中高本衔接课程体系…………233
　　第七节　建筑工程技术专业中高本系统衔接人才培养方案……241

参考文献……………………………………………………………247

第一章　宏观视角下的职业教育

第一节　职业教育的功能与历史沿革

一、职业教育的功能

"功",《辞源》称：事也。"事有成效曰功"。"能"是指能量。"功能"是指事功和能力或功效与作用。所以，职业教育的功能，系指职业教育的功用和效能。

职业教育属于基础教育中的一种，主要是为就业服务。从广义角度来看，职业教育涉及职业培训、职业准备教育、职业陶冶教育以及职业继续教育[①]四种类型。联合国教科文组织曾经专门针对职业教育发布过一个名为《关于技术和职业教育的建议》的文件，文件指出，职业和技术教育是对教育过程进行综合描述的术语，强调职业和技术教

---

① 这四种类型：职业培训由专业机构或企业内部开展，针对特定技能进行短期集中训练；职业准备教育在职业学校等进行，为学生进入职场做全面准备，包括知识、技能和素养培养；职业陶冶教育在日常中潜移默化培养学生职业意识和价值观；职业继续教育面向已经进入职场的人员，为他们提供进一步提升职业技能和知识水平的机会，包括在职培训、进修课程、职业资格认证培训等，以满足职场人士不断提升自身能力以适应职业发展和行业变化的需求。

育除了涉及普通教育内容之外，还着重突出技术教育以及科学教育，让学生能够掌握适应社会发展的符合职业发展需要的技能与知识。从这一角度可以对职业教育进行深层次剖析，可以将其理解成具有以下三个特点的教育：首先，职业教育属于普通教育的一部分；其次，职业教育有助于学生掌握在某一领域工作的手段和方法；最后，职业教育属于继续教育的一种类型[1]。

从狭义角度来看，职业教育是指为了具备职业资格而开展的与教育有关的活动。联合国教科文组织在发布的《国际教育标准分类法》文件中指出："职业教育在设计教学计划时，必须要着重培养学生掌握某一个领域或者某一个职业所需要的技能，要为了让学生学习知识、掌握知识而制定教学规划。学生完成职业教育课程之后，应该由其所在国家管理职业教育的部门颁发可以被劳务市场认可的职业资格证书。"[2]联合国教科文组织在《国际教育标准分类法》中提到的职业教育是狭义层面的职业教育，本书提到的职业教育是指广义层面的职业教育。对职业教育功能的讨论关注的，也是职业教育是否有助于学生获得职业资格，是否有助于学生提高职业技术水平。

因为职业教育属于教育体系的重要组成部分，所以职业教育一定会具有普通教育都具备的功能，例如经济、文化、政治、科技发展、人才培养等。但是，职业教育和普通教育有一定的区别，本书着重讨论的就是职业教育所显现出的独特功能，这些功能具体体现在以下几个方面。

---

[1] 刘来泉.世界技术与职业教育纵览[M].北京：高等教育出版社，2002：23.

[2] 刘来泉.世界技术与职业教育纵览[M].北京：高等教育出版社，2002：287.

（一）职业教育对人类生存的保障功能

1. 职业教育是劳动力再生产的必要条件

教育可以让人获取在社会中的生存能力，保证社会更好地运转。生物界普遍存在学习现象，但只有人类会有计划地、按照目的去组织教育活动。人和动物有本质区别，动物通过自己的本能存活，它们有非常精准的生活活动图式，会在固定场合做出规律性的行为。举例来说，鸟会筑鸟巢、蜜蜂会在蜂房中生活、蚂蚁会搭建蚁穴等。但是，人类的社会行为和动物完全不同，人类会通过社会性生产、通过劳动在社会中繁衍生存，推动社会发展，为自身的生存创造更优质的社会环境，会通过不断地积累技术、传播知识，推动整个人类群体实现可持续发展。人类的劳动能力并不是通过遗传获取的，而是通过后天学习获得的。社会再生产的基本前提是劳动力的再生产，而劳动力的再生产则需要劳动者参与职业教育接受培训，获得再生产的能力。

2. 职业教育是保持现代文明的复杂结构以及经济和社会发展的先决条件

社会性生产决定了社会会出现不同的分工，在社会分工存在差异的情况下，社会就会出现各种各样的职业。现代人类社会是由各种各样的社会分工搭建而成的，其依托职业作为基本的组织架构。在生产力快速发展的情况下，社会分工逐渐细化，变得更加复杂。现代社会的发展除了涉及主要的政治、文化、经济、军事和教育等方面之外，还涉及其他更为详细的层次。这些大的领域有非常细致的分工，划分出了不同的职业，而且不同的职业、不同的领域之间也存在深层次的联系，各种职业通过合作的方式共同维持社会运转。职业作用的发挥需要人作为基本载体来实现，如果没有教育对人进行培养，社会就不会获得人才，也无法正常运转。所以，从这个角度看，职业教育为社会的稳定发展作出了突出贡献，是社会稳定发展的基本前提。

3. 职业教育是解决个人生计的保障

就业可以让人产生强烈的安全感，就业问题也是保证社会稳定的基本问题。联合国教科文组织在1999年发布了有关职业教育的工作文件，强调技术和职业教育应该为社会制造业和社会服务业提供更多人才，应该培养人才形成这些职业所需的技能。技术和职业教育并不会直接创造就业机会，但可以为个人就业提供培训，让其获得基本的生存职能。职业教育与社会就业直接相关，人们想要在当代社会谋求一份职业，可以把职业教育看作获取谋生技能的基本手段，通过接受职业教育获得各种各样的知识和技能。

（二）职业教育对人力资源的开发功能

1. 职业教育是人力资本开发的重要途径

人力资源是指经济发展过程中社会可以给经济发展提供的最多数量的人口，也可以指能够参与社会劳动的人口。人口具备的知识能力以及技能是人力资源的具体表现形式。马克思在《资本论》中明确强调，想要改变一个人的本性，只能通过教育的方式让其获得一定的技能和知识，让其变成可以为社会发展提供力量的劳动力。但是，这一过程需要花费一定的成本。[1]

人力资本是指对人口展开投资之后而获得的资本存量，通过技能或者知识体现出来。在知识储备越来越多、技能水平越来越高的情况下，经济也会以更快的速度增长。职业教育可以让劳动者变成具备更

---

[1] 马克思. 资本论：第一卷[M]. 北京：人民出版社，1975：194.

多知识和技能的发达劳动力,所以,人力资本开发格外关注职业教育,把职业教育看作培养社会应用型人才的一种重要方式。

2. 职业教育是使人力资本开发系统化、规范化的手段

社会的生产力水平以及社会经济发展结构是影响社会人才结构的根本因素,但由于社会中的职业非常复杂,所以教育机构没有办法面向职业需要对学生进行一对一培养。在这样的情况下,职业教育必须做好课程开发、专业规划等工作,保障培养出来的人才能够符合社会多种职业的需要。职业教育需要构建人才培养的科学体系,将人才培养成符合职业资格标准的人才,为社会单位提供源源不断的人力资本。科学的体系、规范化的标准能够保证人力资本开发的规范性和系统性。

3. 职业教育是形成社会合理人才结构的基础

职业教育在人力资源开发方面主要是培养技术型人才、应用型人才。国家合理规划职业教育发展规模,可以有效控制市场中各种专业人才的比例,可以保证国家人力资源结构处于合理范围内,保证各个级别的专业人才彼此配合以更高的效率工作。

(三)职业教育对人的个性的发展功能

1. 职业教育是人的全面发展教育的一个组成部分

无论是职业教育还是普通教育,都始终关注人的发展。马克思认为,在人类步入共产主义社会之后,社会分工将会消失,社会分工导致的人片面发展的情况也会不复存在,人可以得到全面而自由的发展,无论体力还是智力都能够得到有效运用。[①] 教育的主要作用是借助教育

---

① 马克思,恩格斯. 马克思恩格斯选集:卷三[M]. 北京:人民出版社,1972:322.

活动，帮助人的体力和智力向更高水平发展。但同时，马克思也在理论中强调人是现实社会中的人，人的交往会受到社会生产力发展以及社会交往情况的制约，人的本质属性是社会属性，人是社会中所有关系的总和，人不是完全以独立状态存在的抽象物，[①] 所以，在分析个人发展时必须联系现实社会。人可以借助现实社会中各项条件的支持完成德智体美劳的综合发展，通过接受社会教育可以达到社会设定的基本要求。因此，社会中各种类别的教育、各种层级的教育都需要把人的更好发展当作自身的职责和使命。

2. 职业教育在人的个性发展上的特殊功能

不同职业、不同个体之间存在一定的差异，这种差异的客观存在导致并不是所有人都适合某一种职业，所以，能否成功就业需要判断个人和职业之间的匹配程度。职业教育属于定向教育，在就业方向确定的情况下，职业教育可以通过开发学生的潜能培养学生形成某方面的兴趣，促进学生更好地适应职业所需，成长为该职业需要的人才。人的发展具有较强的可塑性，人的能力、人的兴趣甚至是人的性格都可以在后天改变。如果职业教育能够有目标地对学生进行科学性的系统训练，那么人就会获得某些技能，就会更符合某一职业的需要。从这一点来看，职业教育在推动个体个性发展方面具有特殊作用。

3. 职业教育对人的生涯发展的促进功能

职业教育可以推动人的职业生涯迈向更高层次。人需要借助社会职业来表现自身的才能，人在社会职业方面取得一定的成就之后，会获得较强的成就感，也会得到其他人的尊重，社会地位和社会价值会

[①] 马克思. 关于费尔巴哈的提纲 [M]// 马克思，恩格斯. 马克思恩格斯选集：卷一，北京：人民出版社，1972：16-18.

有所提升。所以，人们希望通过选择适合的职业充分发挥自身的特长，实现人生理想。

（四）职业教育对两个文明建设的促进作用

1. 对物质文明建设的促进作用

（1）职业教育为经济建设提供技术人才

在理论层面取得的科学研究成果或者从理论角度设计出来的工程方案，必须借助技术层面的应用才能落实到现实生产中，而且各种技术设备需要技术人员进行操作，否则不可能真正生产出产品。因此，职业教育对于国民经济发展来讲至关重要。

（2）职业教育是提高生产率的有效手段

接受职业教育的人，如果其教育水平有所提升，就会在生产活动中发挥更大的作用。如果所有接受职业教育的人都达到了较高的教育水平，那么整个国家的生产力水平就会有所提升。当今社会，我国想要提高国际竞争力，想要完成科教兴国的任务，就必须注重职业教育的发展。

（3）职业教育是应对知识经济和经济全球化的重要措施

在经济全球化加速的情况下，人类社会开始向知识经济时代过渡，知识成为人们保持自身竞争优势的根本力量。在现代社会，不仅高技术产业需要越来越多地掌握专业知识和技术的人才，普通的工人岗位也需要能够从技术层面对工作提出合理建议的人才。联合国教科文组织在召开技术与职业教育大会的时候，强调在经济全球化发展背景下，人类社会需要快速适应环境变化。想要完成这一目标，企业需要打造一支灵活性高、生产速率快的劳动队伍。进入21世纪，竞争已经转变为劳动力尤其是优秀劳动力的竞争。职业教育可以培养出更多有能力的技术人才，可以让社会更好地应对商业变革、经济变革。劳动者可以通过职业教育掌握丰富的技能参与到劳动市场的运转当中，所以，国家必须重视职业教育，必须看到职业教育在经济转型、经济结构调整方面的重要作用。

（4）职业教育是国民经济的支柱产业之一

教育属于第三产业的重要构成部分。目前，我国市场中存在各种各样的教育产品和教育服务。而纵观全球的教育市场可以发现，在一些国家的市场中，职业教育、职业培训已经成为教育领域的支柱型产业，已经成为国家经济发展不可忽视的重要产业。

2. 对精神文明建设的促进作用

（1）对文化的传承与发展

职业教育在开展教学活动的过程中，会有选择地使用人类创造出的优秀文化，充分发挥文化在教育过程中的作用。可以说，职业教育具有传播文化、吸收文化、创新文化的重要功能。

（2）对社会文明的促进

职业教育开展的教学活动包括政治教学活动、德育教育活动、职业道德教育活动、心理健康教育活动、环境保护教育活动等。通过这些丰富的教育活动，学生可以变成有文化、有组织、有素养、有理想的新青年。从这个角度来看，职业教育在社会精神文明建设中发挥了重要作用。联合国教科文组织在《技术与职业教育和培训：21世纪的展望》这篇文章中指出，人类社会在21世纪面临着知识挑战、通信挑战以及信息挑战，在技术变革、信息变革以及经济全球化发展的情况下，人们需要创造一种全新的、以人为本的发展模式。最终，通过研究人们得出结论：应该把职业与技术教育当作终身教育的重要内容，让其在新时代发挥重要作用。之所以要重视职业与技术教育，是因为它能够维持社会的持续发展，有助于社会和平，有助于环境改善，有助于人们形成更强烈的国际公民意识。[①]

（3）培养从事精神文明建设的人才

职业教育可以为社会输送信息人才、新闻人才、文化人才、教育人才以及其他类型的人才，为社会主义精神文明建设提供重要的人才支持。

（五）职业教育对劳动力市场（就业的调节功能）

1. 调节供求关系

职业教育不断地根据市场需求变化调整教学任务、教学目标，以此来维持自身的生命力。职业教育发展过程中会根据市场发展需求调整学校布局、专业设置、招生规模，以此来保证市场供需处于平衡状态。职业教育在市场中发挥了蓄水池作用，如果市场中的劳动力供给过多，那么职业院校需要将学生培养成更高层次的学生，增加学生在学校中的学习时间，减轻市场所面临的较大的就业压力。与此同时，这种调节方式也为社会输送了更高层次的人才。如果社会中缺乏某方面的人才，那么职业院校可以开设相关专业，快速培养相关人才，补充市场所需。

2. 提高就业能力，减少失业率

职业教育除了让受教育者学习就业需要的知识，掌握就业需要的能力之外，还需要让其具备核心能力，让其可以在职业岗位上始终保持竞争优势，甚至让其具备在其他岗位工作的能力。在社会发展过程中，职业教育帮助很多失业人员完成了转业，也帮很多人员完成了转岗，

[①] 刘来泉. 世界技术与职业教育纵览 [M]. 北京：高等教育出版社，2002：56.

从结果来看，就是促进了社会人员的重新就业。所以可以说，职业教育在解决社会事业问题、促进社会人员就业方面发挥了重要作用。

3. 培养自营职业（创业）能力

创业能力的培养是制约教育的重要内容，创业可以为社会提供更多就业岗位，也有助于社会劳动力供求关系的有效调整，可以减轻社会中的失业现象。如果社会对人才的需求量比较大，大部分人才会选择到社会企事业单位谋求职业。但如果社会对人才的需求量变少，那么有一部分人可能会选择自主创业。人才向自主创业领域的流动在一定程度上降低了整个社会的就业压力，也改善了群众个人的生活状况。社会中有一些个体为了获得更多收入，可能会在正式参加工作之余开展一些个人经营活动。如果个体具备自主创业能力，那么个体就业将会有更大的保障。

（六）职业教育对教育结构与作用的完善功能

1. 改变精英式教育，使教育向大众化转化

我国的教育是为了选拔精英，在这样的情况下，职业教育在社会中的地位比较低。但是在经济快速发展的情况下，职业教育有了越来越高的地位，不再局限于对学生进行技能训练，开始注重学生基础能力的培养，让学生具备终身学习与可持续发展的能力。职业教育不再是终结型教育，开始注重学生的就业和升学。而且职业教育的层次越来越丰富，和普通教育之间也有了更多的联系与沟通。从社会对人才的需求来看，社会最需要的其实是应用型人才，需要的是在就业之后有持续发展能力的应用型人才。所以，职业教育要打破之前人才培养的终结型模式，不断地联系普通教育，改变传统教育只为选拔精英服务的局面。在职业教育和普通教育紧密合作的情况下，教育更容易实

现大众化,在全民素质提升方面发挥着重要作用。

2. 完善教育体系,构建开放、灵活的教育体制

当代教育强调以人为本,在社会越来越民主的情况下,人人都形成平等意识,人人都知道自己享有接受教育的基本权利,享有就业的权利。在这种意识的作用下,人希望自己可以从事喜欢的职业,希望在自己的专业领域取得成功。在这种情况下,教育就应该为人才培养服务,而不是以淘汰人才为目的。职业教育有两种形式,一种是学校教育,颁发学历证书,一种是非学校教育,颁发职业资格证书。因此,从这一角度来看,职业教育比普通教育更加灵活,更加开放,所有人都可以根据自己的需要在合适的时间学习知识、学习技能。在职业教育持续发展的情况下,其将会为更多受教育者提供多种教育选择,职业教育制度也会变得越来越完善。

3. 实现终身教育,构建学习型社会

分析职业教育的本质可以发现,职业教育有极为鲜明的终身性特点。通常情况下,个体完成基础教育阶段的学习任务之后,基本上不会再接受其他的基础教育,但是职业教育却在基础教育结束之后为个体提供其他接受教育的机会,让个体可以在人生的各个阶段决定是否要接受教育再培训。所以,从这一点来看,职业教育是终身性教育,属于继续教育的一种,是继续教育的主体。在进入知识经济时代之后,人们开始注重实践经验的重要性,于是执业证书变得越来越重要。在某些行业,执业证书甚至比学历证书还要重要。在这种情况下,教育发展越来越扁平化,人们希望学习和掌握越来越多的职业能力,以此来保证自己始终具备就业能力。在人们持续学习的过程中,社会也会变成学习型社会。从这一点来看,职业教育极大地助推了学习型社会的构建,是学习型社会构建的力量来源。

二、职业教育的历史沿革

（一）我国古代的职业教育

1. 有关原始社会生产技术教育的传说与记载

中华民族是一个具有悠久历史和自己独特文化传统的民族。大约从一百七八十万年前到二三十万年前，我国大地上生活着原始的先民。从50万年前周口店"中国猿人"的遗存看，这时的原始人群已经能够打制石器、制造工具，会采集、打猎、用火并且食用熟食。

在我国一些古籍中有着关于原始先民生活状况传说的记载。如《韩非子·五蠹》写道："上古之世，人民少而禽兽众，人民不胜禽兽虫蛇。有圣人作，构木为巢，以避群害，而民说之，使王天下，号曰有巢氏。民食果藏蚌蛤，腥臊恶臭，而伤害腹胃，民多疾病。有圣人作，钻燧取火，以化腥臊，而民说之，使王天下，号之曰燧人氏。"《易·系辞》载："古者包羲氏之王天下也""始作八卦""作结绳而为网罟，以佃以渔。""包羲氏没，神农氏作。斫木为耜，揉木为耒，耒耨之利，以教天下。"这里所说的有巢氏、燧人氏、包羲氏、神农氏应不是个人，而是一个时代的象征。这时教育尚未从生产活动和生活实践中分离出来，教育的含义可以理解为在劳动过程中成年人将创造和积累的取火、造屋、耕种、渔猎等生产、生活经验传授给年轻一代，使之一代一代地传承下去，并不断完善发展。这一时期，有传授生产、生活技术的教育活动，但因为社会没有明显的分工，所以不存在职业教育。

大约在旧石器时代晚期，距今约四五万年到二万年前，我国的山顶洞文化时期，在氏族公社里，存在着按性别和年龄的不稳定分工。到了新石器时代晚期，我国人民的生活已经进入畜牧兼农耕的阶段，社会生活有了较明显的分工。《礼记·礼运篇》关于大同之世的说法，反映了人们对远古原始社会时期人类生活的一些朦胧的记忆。其中写到"选贤与能""男有分、女有归"。"贤"与"能"是推选出来的氏族首领，要负责管理生产的社会生活。因此，他们个人与一般氏族公社成员在职责上就有了区别。同时，男子和女子在畜牧、农耕上开始有了不同的分工，比较艰巨复杂的手工工艺如制陶等也要由专门的人来担任了。大约在五千年前，我国龙山、齐家、良渚等文化时期，人类社会已经开始进入铜石并用的时代。轮制陶器和冶金技术是这个时期工艺技术发展最突出的标志。这些生产技术一定要通过专门训练才能传授给后代，并且这时已有了掌握一定文化知识的"巫"，氏族公社的成员已经需要按分工来进行培养了，"分"可以说是最原始的职业，"归"是有了可靠的生活保障。在原始社会中这些具有不同职能和知识技术的人，向青年一代传授不同的知识技术活动，可以视为最原始的职业教育萌芽。这时的传授方式是口耳相传，和跟随长辈在实践中学习，这种方式在劳动人民中沿袭了许多世纪。

2. 先秦的职业教育

公元前 21 世纪到公元前 16 世纪的夏朝是我国历史上第一个奴隶制国家。据古籍记载，夏代已经产生了学校，但无直接的证据可考。公元前 16 世纪到公元前 11 世纪的商朝，学校已有较多的文物可证。这说明夏以后体脑的大分工已经完成，学校的产生标志着教育活动逐渐从生产和生活中独立出来，享受学校教育成为贵族奴隶主的特权，学校成为培养统治者的机构，奴隶和生产劳动知识技能被排除在学校教育之外，奴隶只能在强迫劳动中接受某些训练。到西周（公元前 11 世纪—公元前 770 年）时期，教育大体由三个部分组成。

（1）由国学和乡学组成的国家学校系统

立四学于京师，辟雍居中（成均），东胶在左（即东序），瞽宗在右（即右学），虞庠在国之西郊，为中央的官学。在诸侯封地上的诸侯之学称"泮宫"，乡遂而下，则庠序并设。这些学校学习的内容为六艺——礼、乐、射、御、书、数，培养统治者和一般行政官吏。

（2）世袭家传的职官教育

在国家产生之后，国家政权需要设官分职而治，产生了具有各种不同职能和掌握不同专业知识的职官。政府中掌握农业、商业、居住、交通、司法、天文、历算、占卜、乐舞、历史、医药等官吏，其职业多为世代相传袭，古人通称之为"畴"人，类似后来所谓的专家。

由于奴隶主贵族对知识的垄断，生产力水平低下，传播手段的缺乏，典籍文物均藏于官府，民间无著述文字，不做官就不能接触到这些专业知识，受不到这方面的教育。政府官员积累和掌握的专业知识、科学技术就成为他们的家学，通过官职的世袭，子继父业，代代相传。这种通过子继父学培养职官的形式，对我国后来专业教育、科技教育影响很大，秦汉以后，虽然不是定制，但是在培养史官、太医、天文、历数等官吏上仍是一个重要的途径。

（3）由地方官向民众所施行的"教化"

"教化"是指由管理生产的官吏或奴隶、工匠之间对生产知识技能的训练或传授。周朝管理民政的地方官为大司徒，要教民稼穑树艺，其下属分掌各类生产的官如司稼、遂人、稻人、山虞等，要负责教育民众种植、浸种等技术。设于官府的手工作坊，其工艺技术由能工巧匠传授。《礼记·冬官·考工记》称：国有六职，百工居一焉。"知者创物，巧者述之，守之世谓之工"。这种由地方官负责传授农业生产技术和手工业中父子师徒世代相传技艺的方式，后来在封建社会中构成职业教育的一种主要形式。

从夏代开始，经过商代到西周，我国古代职业教育的雏形已经形成。其标志是：从原始氏族对公社成员无差别地传授劳动技能，发展为按社会不同分工进行不同的教育与训练；从年长一代向年轻一代传授各种知识技艺，发展为有专门的人或专职的人负责教育与传授，并且分工固定，世代相传，逐步形成稳定的各行各业。

3. 秦汉至鸦片战争前的职业和技术教育

在我国两千多年的封建社会中，职业教育大体可以分为以下四种形式。

（1）职官教育

我国封建社会对于掌握专业知识官吏的教育与培训，从国家的教育体制而言，主要是通过政府的业务部门进行培养，也设有少数专科学校。

秦代提出欲学法令者，以吏为师。这时重视的是法令教育。魏晋南北朝时期，老庄玄学盛行，多讲养生之道，医学受到重视。北魏宣武帝永平三年（公元510年）颁《立医学馆诏》，是最早提倡医学专科教育的措施。隋文帝时，设立专门管理教育事务的"国子寺"，炀帝时为"国子监"。国子监既是中央官学也是教育行政管理机构，其下设国子学、太学、四门学、书学、算学，书、算两学是中央官学设立专科学校的开端。隋朝还在大理寺设律学，开政府职能机构正式设学之先河。

唐代是我国古代专科教育和职官教育最发达的时期。国子监下设律学、书学、算学。中书省管辖的太医署中设医学，地方府、州官学亦设医学。太史局设天文、历数、漏刻诸学。太仆寺设兽医，太卜署设卜筮。这些隶属于官府的专业教育，都设有专门的教师，称之为"博士"；有与国子监所属各学相同的教学和考试制度，有规定的入学资格、学习内容和教材。此外，门下省有校书郎，掌校理典籍，刊正错误，其下有拓书手、笔匠、楷书等职员，亦招收学生加以训练。

宋代以后理学兴起，科技和专科职官教育逐渐衰落。宋代国子监下设有武学、律学，太史局设算学，翰林院下设书艺局中设书学，画局设画学，太医局设医学。到明代专科学校只有武学、医学、阴阳学和为培养翻译人才而设的"四译馆"。

清代只存算学馆和教授俄语的俄罗斯馆。

（2）家传和私传的专业教育

子继父业，依靠家传或立学收徒传授专业知识技能是古代职业教育的又一重要形式。作为职业，世代家传或从师学习的首推医学。许多名医都是世业。南北朝的徐子才即出生于世代名医之家，六代中有十一位著名的医生。明朝李时珍，祖孙三代行医。历代名医也多有收徒传授医道的，如清代名医陈念祖广收门徒，并在临床与教学的基础上为初学医的人编著《时方歌括》《医学三字经》等入门教材。

天文、算学、数术、艺术、书画等专业技术的传授，也在很大程度上靠家传世业或私人传授。著名科学家祖冲之之子幼年就传习家业，其子皓也传家学，长于历算。西晋步熊，少好卜筮、术数，门徒甚盛。元代大数学家朱世杰教授数学"踵门而学者云集"。

（3）工匠培训

我国的官府作坊有悠久的历史，最早见之于《周礼·考工记》，至秦官制中有管理官府工匠的将作、少府之设。唐代设有将作监掌管造之事，少府监掌制作之事，还有军器冶监等。这些官府手工业规模很大，工种繁多，除进行制造、修建供应宫廷、官府和军事各种需要外，同时进行工匠培训。工匠培训最初是世袭家传，唐代出现了世袭以外的传授，采用师徒相传的艺徒制，并对各种不同工艺的学习期限、考核方法都有明确的规定。

民间工匠、手工业者的职业培训，家传是一种主要的形式。各种秘方、秘诀是家传技艺的教本，对外人不轻易泄露，多采用一线单传的方式传习。因此，在传习的职业上有很大的地区和家族色彩。特别是一些绝技更是如此。宣州的笔最好，"自唐惟诸葛一姓，世传其业"。亳州轻纱，唯两家能织，技术几百年不外传。

能工巧匠收徒传习是民间职业和技术教育的又一重要方式。著名的传授纺织技术的黄道婆就是一例。在民间手工业培训中行会也有着重要的作用。唐代已有"行"的组织,至明清城市中每个独立的手工业都有行会。行会对本行业招收学徒的数额、礼节、条件、出师的年限、业务的标准、师傅与学徒的权利与义务等都有规定。商人的组织亦称"行",各行各业都可以收徒。师傅称"掌柜",学徒期满出师后可为铺伙。一般小商贩多是子继父业,在商业活动中进行学习。

（4）农业技术的传授

我国古代经济政策始终把农业置于首位,因此很重视农业技术的传播与推广,所谓"劝课农桑"。除国家颁行各种农书外,地方官负有传播推广和改良农业生产技术的责任,历代都有地方官或专职官员做过这项工作。如汉武帝时令赵过任搜粟都尉（主管农业的官吏）,赵过通过实验发明"代田法"（轮种）向全国推广,据称他还推广了耧播技术。元代王祯曾任安徽旌德和江西广丰的县官,常到农村视察,著《农书》推广农业技术。清代福州知府李拔著《种棉说》在福州推广植棉技术等。

除地方官吏外,还有一些专家,或根据自己的经验,或总结一个时期的种植、养殖经验,写成专著,在农业科技传播与教育上起了重要作用。如西汉时《陶朱公养鱼法》是世界上最早的养鱼专著,晋代戴凯之所著《竹谱》是世界上最早的植物专著,北宋蔡襄所著的《荔枝谱》是世界上最早的果树栽培专著,明代中叶有喻本元、喻本亨兄弟著的《元享疗马集》《疗牛集》《驼经》记载饲养和治疗大牲畜的方法,等等。据不完全统计,两千多年来我国的农书总数有376种。

对于广大农民群众子继父业,父子相传仍是农业技术主要的掌握方式。在农业知识、技术的传授中,各种农谚、歌诀起着很大的作用。几千年来积累下的有关农事的歌谣、谚语、口诀如"冬无雪,麦不结""收麦如救火""种地不上粪,等于瞎胡混",以及二十四节气歌等,极为丰富,集中起来就是一部传授农业知识的百科全书。

综上所述，我国古代已经存在着多种形式的职业教育，如专科学校、官府的工匠培训、私家传授、师徒传授、地方官传播等多种形式。在学校或有组织的培训中已经建立了比较完备的教学、考试、实习、考核制度；形成了课程结构、教学和成套的教材。在教学中很重视直观和实践环节。东汉时就铸造了作为鉴别良马标准的铜马模型和《相马图》，欧洲直到 18 世纪才出现家畜外形的图文和类似的铜马。古代的职业教育也非常重视职业道德的教育，讲究德高与术精。许多医学名著中都有关于医德的论述。古代医生弟子出徒，老师要送一把雨伞和一盏灯笼，让弟子记住医生的本分是为人治病，不分日夜，不论风雨，只要有病人，就要出诊。其他各行各业也都总结了许多本行业的职业道德规范，如商业的买卖公平、童叟无欺，制造业的货真价实、精益求精，等等，作为本行业的重要道德规范，代代相传。综上所述，我国古代的职业教育已有了相当的规模，对我国古代经济、社会的繁荣、生产的发展作出了巨大的贡献。但从学校教育而言，则主要是培养统治者及其辅佐（政务官），在教育思想上重治国之道，而轻专业技艺。因此，国家举办的官学，是以人文学科普通高等教育为中心，以儒家经书为主要学习内容，专科学校入学者身份低、人数少，而且时兴时衰，至于生产劳动技术则在学校中没有地位。这极大地阻碍了职业教育的发展。读书做官，"学而优则仕"的思想影响深远，流毒至今。

由于古代自给自足的小农经济占主导地位，社会生产力发展缓慢，历代统治者为维护阶级利益和等级制度，极力使个人的职业固定化，世代相传，不迁其业；也由于职业教育的不发达，形成我国古代职业教育以家传世业为重要形式，以父子或师徒相传为主要方式的特点。这种方式，通过世代研讨，可以使一些专业知识和技艺达到精妙的地步，但也极易湮没失传，从根本上来说是保守的。这种状况直至鸦片战争之后，19 世纪中叶我国近代工业产生，才开始发生变化。

（二）我国近代的职业教育

19世纪中后期，康乾盛世结束，我国被迫打开国门，欧美列强涌入，开始抢夺我国的国土，破坏我国的自主权。在被动挨打的同时，国人看到了西方工业的发展成果，开始对传统的农业发展方式进行反思。这部分国人思想觉醒之后，开始带领其他中国人开创独立富强的道路，积极学习西方先进的技术和工业，积极引进西方的职业教育模式，逐渐催生了我国近代的职业教育。

1. 我国近代职业教育发展的背景分析

（1）我国资本主义经济发展的客观需要

明清时期，中国社会已经有了初级形式的资本主义经济。虽然当时社会的发展受到封建体制的约束，但是资本主义经济需求已经在中国社会产生。资本主义经济想要发展，必须有人力资源作为支持和保障，而人才的培养离不开教育。于是，近代中国想要推动经济发展必须优先发展教育。所以，近代职业教育的发展和经济形成了极为紧密的联系，近代教育也正是在工业化发展的大环境下形成的。

（2）一大批教育界和实业界有识之士大力推动的结果

在洋务运动期间，左宗棠以及李鸿章强调开办学堂，与此同时，社会当中的一些有识之士，如冯桂芬、张之洞、康有为、梁启超也非常提倡学习西方的技术。这些人意识到了教育的重要性，呼吁通过教育解决当时的民族危机，实现国家富强、民族振兴。他们在呼吁的同时也积极实践，为职业教育的发展作出了重要贡献，推动了我国职业教育的发展。

2. 我国近代职业教育的发展

虽然近代职业教育在发展过程中遇到了一些困难，但是近代职业教育并不是毫无目标的盲目发展，相反其目标非常清晰，都是致力于建立有我国特色的职业教育制度。

（1）我国资产阶级职业教育制度的建立时期（鸦片战争至民国初年）

这一阶段，推动职业教育发展的主要是洋务派、资产阶级改良派以及维新派，其中发挥主导作用的是洋务派。在我国开展洋务运动之后，洋务运动思潮改变了人们对教育的想法，人们开始创办新式学堂，在一定程度上推动了新式教育的发展。洋务运动强调"中学为体、西学为用"，希望通过引进先进技术来维护封建统治。所以，在当时，洋务派积极改革传统的教育方式，学习了很多技术性知识，而教育的改革与创新也在一定程度上推动了文化的发展，拉开了现代社会文化和教育发展的序幕。

第一，实业教育思想的形成和发展。洋务运动刚刚开始的时候，洋务派的教育者们就强调注重实业教育，但是在这一阶段实业教育思想只是萌芽。最早提出实业教育思想的是资产阶级的改良教育家，其中郑观应提出的职业教育思想体系最为完整。改良派积极向人民群众宣传西方发达国家的教育制度，并开始为中国实业教育的发展绘制蓝图。甲午中日战争爆发之后，中国人民的民族意识普遍觉醒，社会上掀起了实业救国的热潮。无论改良派还是洋务派，都强调建立完善的实业教育制度。人们开始意识到封建教育的不足，开始积极倡导学习西方的教育模式，探索出了属于我国的实业教育制度框架。有了实业教育制度之后，政府开始推动教育发展，在讨论教育发展时也着重关注实业教育问题。与此同时，一些先进的文人志士开始思考实业教育理论和实践相分离的问题。实践教育思潮是由多方教育家的思想共同汇聚而成的，其中，张謇是在实践教育领域取得最大成功的教育家，也是实业教育思潮的重要人物、代表性人物。

第二，建立职业教育学堂。这一阶段的职业教育实践活动主要是以职业教育学堂的建立为目标。洋务派在强调学习西方技术和知识的同时创建了一些学堂，这些学堂是我国近代社会最初的实业学堂。京师同文馆是我国第一个职业教育学堂，于1862年在北京创办，三年之后开设科学系，后续又建立了天文算学馆。后来，其他地区也创办了一些学堂，例如福州船政学堂、江南制造局附设工艺学堂、天津水师学堂等。各种各样的学堂为社会培养了多方面的专业人才。甲午中日战争爆发之后，张之洞在湖北地区创办了很多新形式的教育学堂，例如农务学堂，培养人们掌握农务知识，学习农务原理等。

（2）我国资产阶级职业教育制度的发展时期（民初至20世纪20年代）

中国在文化发展过程中最重视的是理论，没有对技艺发展给予过多关注，导致社会上技艺工匠的地位比较低。在民国初期，虽然当时社会形成了职业教育制度，但是人们对职业教育的错误观念并没有被消除。当时，学堂中的学生普遍认为升学到普通中学是一件很光荣的事情，而升学到职业学校则不太光彩。这种错误观念严重阻碍了职业学校的发展，导致职业教育没有形成自身的特色。为了解决这一问题，维护职业教育更好地发展，黄炎培大力开展职业教育改革工作。

第一，实用主义职业教育思想广泛传播。在新文化运动阶段，文人学者们了解到了杜威的实用主义教育思想，并且开始在中国社会传播该思想，认为教育应该是平等的。在这一思想的影响下，中国教育界形成了一股巨大的平民教育思潮，使得很多教育界的学者受到了影响。例如黄炎培在该思想的影响下，开始积极推进平民主义职业教育。杜威强调文化教育和职业教育不应该是对立的关系，无论哪一种教育都应该关注人的发展，该思想极大地影响了我国教育的发展。我国教育行业的学者、专家开始强调，职业教育除了为人们提供生存技巧、帮助人们解决生存问题之外，也要格外关注人格的养成。杜威实用主义教育思想的出现，非常符合我国当时社会对教育提出的实用要求，也正是因为符合社会提出的教育发展需要，所以受到了我国学者的广泛认可。

第二，模仿美国建立资产阶级职业教育制度。在实业救国思潮的影响下，在民国后期，我国实业教育取得了一定的发展成就，但教育和人们的实际生活、和社会发展之间的距离越来越远。为了解决这些问题，为了让学校培养出的工商业人才更符合资本主义社会发展需要，黄炎培以及其他的教育专家开始进行职业教育改革，批判实业教育制度。他们强调应该发展实业主义教育，应该模仿美国使用美国的职业教育制度，这一主张受到了蔡元培、顾树森以及其他教育界知名人士的赞同。所以，当时社会中出现了一股模仿美国职业教育制度的教育发展思潮，这次思潮对后续的社会学制改革运动产生了重要影响。

经过一系列的改革创新，1922年我国确立了壬戌职业教育制度，该教育制度将传统的实业学校学堂全部改建为新型的职业学校，并且专门创建了综合中学。综合中学是普通学校、职业学校以及师范学校三种学校的综合体，集成了三种学校的课程，支持学生通过利用选科制有针对性地学习自己所需的知识和技能，满足未来的升学需求和就业需求。壬戌职业教育制度允许在小学高年级阶段设立职业科准备教育，允许在初中阶段设置正常学科与职业科，要求高中阶段必须开设职业科。分析壬戌职业教育制度的思想内涵可以发现，它一直强调职业教育要结合社会生产实际，要关注人民生计，体现出了极为明显的实用性特征，有非常鲜明的美国职业教育特征，是对美国职业教育的模仿。

（3）我国资产阶级职业教育制度的完善时期（20世纪20年代末至30年代）

20世纪20年代末，中国经济发展遇到了严重危机，职业教育改革并没有完全改变教育发展和社会生产实际相脱离的弊病，所以，这一

第一章　宏观视角下的职业教育◎

阶段人们又开始加大力度改革职业教育，完善职业教育制度。通过一系列的改革与完善，我国职业教育制度与职业教育理论开始有了鲜明的中国特点，职业教育开始真正向中国化的方向发展。

第一，职业教育修订了教育制度中的仿美部分。1932年，民国政府号召人们进行教育改革，教育专家们也形成了共识，要对普通中学的发展进行限制，要更大力度地支持职业教育发展。同年，民国政府通过《修正中小学教育制度》案，废除了综合中学制，将普通中学和职业学校分成两个单独的院校，其中职业学校专门为社会培养管理人才以及技术人才。而且，民国政府要求职业学校根据所在地区的发展需要合理地设置专业课程，让学生在实践中学习、练习。与此同时，民国政府要求建立各种与职业学校有关的学校类型，例如职业指导学校、职业补习学校等。当时社会上还出现了与中国经济发展特征相符合的农村职业教育学校。从当时的情况来看，这种教育发展最符合中国发展需要。虽然受战争的影响，这种教育模式没得到很好的发展，但极大地影响了我国教育的后续发展。

第二，批判教育救国论。当时的中国社会有很多政治派别，有很多阶层，不同的派别和阶层存在严重的利益冲突，他们对职业教育的认识也存在很大的差异。清朝末期的封建地主阶级妄想通过发展职业教育维护封建阶级的统治，而资产阶级则希望通过发展职业教育救国家于危亡，让职业教育变成民族资本主义发展的重要工具。不可否认，职业教育能在一定程度上推动社会经济实现更好的发展，但不能拯救国家。资产阶级的错误之处就在于他们将职业教育的功能极端化，让职业教育承担了救国图存的全部责任，这种错误思想在20世纪30年代初受到了其他教育学者的批判。这些教育学者在批判职业教育时，并没有批判职业教育本身的作用和功能，只是批判了资产阶级的错误认知，一边批判一边强调职业教育的重要性。

3. 我国近代职业教育发展的特点

中国近代职业教育产生于特殊的社会政治经济背景下。无论是与西方的职业教育发展还是与其他类型的教育发展相比，中国近代职业教育都有其明显的特点。

（1）引进性

我国近代职业教育发展，并非我国社会自然演进的产物，而是积极借鉴与吸收西方职业教育模式的成果。在这一过程中，中国涌现出了学习西方的教育模式，例如教育机构直接聘用外国人作为任课教师，从教学方法到课程设置，再到整体的教育理念，均参照西方国家已取得成效的优秀教育体系来进行制定。这种全面且深入的引进与效仿策略，不仅极大地推动了我国近代职业教育的快速发展，而且为其后续的创新与变革奠定了坚实的基础，使得我国职业教育能够在借鉴国外经验的基础上不断发展，并在发展中实现创新。

（2）不平衡性

中国近代职业教育发展存在着严重的不平衡性。

①地区发展不平衡。近代职业教育是从近代工业首先产生的沿海和沿长江等经济、交通比较发达的地区以及北部政治中心产生、发展起来的。到清朝末年，虽然职业教育在内地有所发展，但其重心仍然没有改变，地区差距还在不断扩大，而且这种状况始终存在于整个近代社会。如从学校数量上看，1909年学校数在10所以上的省份有浙江、湖北、湖南、四川、河北、山东、河南、广东、云南、上海等10个省（市）份，总计有163所学堂，占全国学堂总数的67.36%；而西部省份大多只有2—3所学堂。30年代初，江苏、湖南、四川、河南、福建、广东、辽宁、上海8省市共有高级职业学校259所，占总数的73.37%，而广大的西北省份仍然只有几所。从学生数量来看，1909年，仅湖北、湖南和河南三省职业学校学生就占全国的30.09%；1931年，

江苏、湖南、辽宁和上海4个省市学生数占到全国的41.19%；抗战期间，四川成为全国职业教育的中心，1939年其职业学校学生占全国的16.53%。

②职业教育各个不同门类之间的比例关系没有保持平衡。职业教育领域新出现的学校是工业技术学校，后出现的是农业学校，但是占据优势的是农业学校，而商业学校数量最少，这些学校数量的不平衡代表的是当时社会经济发展的不平衡。

（3）不稳定性

受到中日甲午战争战败的不良影响，新式军事职业学堂发展陷入停滞阶段。与此同时，民用实业学堂、中等实业学堂、工业学堂的发展也进入不良状态。这种状态一直到民国初年才得以改善，但是在1913—1917年，职业教育发展又回到了停滞状态，后来经过一系列改革，职业教育才开始快速发展。但到1922年又重回低谷，学生人数降低25%，基本回到了1917年的数量。一直到南京政府成立，职业教育才迎来了短暂的发展。

对比普通中学教育的发展可以发现，职业教育发展过程中的波动可以说前所未有，但是即使经历了较大的波动，职业教育依然持续向前发展。虽然在发展的过程中有所衰退，但是整个发展过程没有断裂，每一次衰退都是一次全新的调整和前进。

（4）缺陷性

近代职业教育发展过程中存在着很多不足，因为职业教育是从其他国家引进的，而人们在引进时看重的主要是职业教育的优势，没有认识到职业教育的本质，并且赋予了职业教育无法承担的救国使命。改革者希望通过职业教育培养学生，通过学生就业完成救国使命。但是如果学生没有办法顺利就业，那么救国的目标就没有办法完成。虽然教育专家一直对职业教育发展进行改革和创新，但是最终结果和理想目标之间始终存在一定的距离。

（三）中国近代职业教育的历史作用

清朝闭关锁国，导致中国在技术发展、教育发展等方面落后于西方国家，在西方列强的重重攻击下逐渐沦为半殖民地半封建国家。在这种情况下，中国社会的仁人志士希望通过引进西方的职业教育改变被动挨打的局面，推动中国更好地发展。职业教育被引入中国之后，除了在经济发展方面发挥出显著作用之外，还受到我国特殊国情的影响，在其他方面彰显出一定的作用。

1. 推动了中国近代社会的进化和发展

我国古代比较关注人文教育，不太注重科学教育，在西方社会快速推动技术发展的时候，中国一直停留在自然经济模式中。在中国被迫打开国门之后，教育学者们引入了职业教育，并且率先开展自然科学知识的教学，这代表中国开始主动学习西方技术，开始具备创建文明社会的能力，这在一定程度上推动了社会的发展与进步。

2. 改变了中国人的文化知识结构和思维模式

在封建社会，学生学习的是儒家思想，看的是"四书五经"，考的是封建伦理道德。分析整个学习过程可以发现，在封建社会的教育体系中，人们很少有机会接触自然科学知识。在这些封建固化思想的影响下，人们的思维越来越主观化，越来越保守，在看待事物时很难做出正确评判。想要解决这一问题，必须改变人们的思维模式，必须打破封建思想的束缚。想要做到这一点，教育机构必须更新知识结构，要对人们进行自然科学知识教育。而职业教育最先向人们传授的就是自然科学知识，所以说，职业教育具有改变中国人民思维模式的重要作用。

3. 推动着中国近代军事、工业的产生和发展

19世纪60年代，洋务派官员引进了西方国家的军事工业，自此，

中国有了近代民族工业。但是，近代民族工业的发展不是独立的，人才、机器、知识等都需要依靠外国，使得民族工业的发展一直受制于人。为了解决这一问题，国家必须培养技术人员。为此，政府创建了福建船政学堂，培养学生学习专门的技术。从这个角度看，如果当时没有出现职业教育，中国就不会有第一批军事工业。而正是在军事工业的带动下，其他民用工业才逐渐发展起来，职业教育才开始覆盖其他技术内容。从这个角度来看，可以说是职业教育推动了中国近代军事、工业的发展。

4. 缓解了近代中国社会的生计问题

近代中国长期受压迫，人们要解决的最重要问题就是生计问题。虽然在经济不发达的情况下，社会没有办法为人们提供足够数量的就业岗位，但是不能完全将人们的生计问题归结于经济不发达。如果教育和职业之间没有建立有效联系，学生没有形成就业能力，自然没有办法参与社会生产，自然无法解决生计问题。因此，生计问题的解决必须要注重职业教育的发展，让教育和职业之间构建起有效联系。但并不是说职业教育能够在解决社会生计问题方面显现出巨大的能力，因为职业教育作用的显现需要经济提供有效支持。只有职业教育和经济共同发展，才能保证更多劳动者就业，才能彻底解决失业问题。[①]

（四）我国当代的职业教育

1. 20世纪50年代初以技术学校为中心的职业教育

1949年中华人民共和国成立，我国的职业教育进入一个新的历史

---

① 徐东. 我国近代职业教育的变革与发展 [J]. 理工高教研究，2006（5）：89-94.

时期。旧中国遗留下来的职业教育基础很薄弱,据1949年12月召开的第一次全国教育会议统计:东北区中等教育中普通中学占81.3%,师范学校占11.5%,技术学校只占7.2%;华北地区普通中学占73%,师范为21.2%,技术学校占5.6%。为了适应恢复国民经济、进行社会主义经济建设的需要,会议提出:为了培养大批中级建设干部,中等学校在今后若干年内应着重向中等技术学校发展。随之,1951年召开了第一次全国中等教育会议,确定在中等教育中首先对中等技术学校采取整顿和积极发展的方针。1951年10月政务院作出关于改革学制的决定,决定强调指出,技术学校原有学制的缺点之一是技术学校没有一定的制度,不能适应培养国家建设人才的要求。学制规定初级技术学校收小学毕业生,修业年限2—4年,技术学校收初中毕业生,修业年限2—4年,医药及其他中等专业学校修业年限、招生条件等参照技术学校的规定。专科学校修业年限2—3年;各种高等学校得附设专修科;各类技术学校附设技术训练班或技术补习班。中小学为普通教育,1952年教育部颁发试行的《中学暂行规程(草案)》和《小学暂行规程(草案)》规定中学不设职业分科,高中有一学时的制图课,小学劳作不列入教学科目。1952年10月高教部发出的《关于调整全国中等技术学校学生人民助学金的通知》规定:各类各级中等技术学校学生,一律享受全部伙食供给,调干的可以有家庭补助。3年工龄以上的产业工人按75%发给工资,确定了我国职工带薪教育制度。1953年高教部《关于中等技术学校设置专业原则的通知》提出:中等专业学校设置专业力求集中单一,以不超过4个为原则。为了满足第一个五年计划的需求,从1952年到1953年对中等专业学校进行了全国性的调整。由原来的794所调为651所。以华北地区为例,调整后大部分学校趋向专业化和单一化,设重工业学校20所,轻工业学校4所,综合学校7所。

在这一时期对徒工培训和职工业余教育也做了规定。1951年1月全国职工业余教育委员会成立。

在大力发展技术教育思想的指导下，从 1950 年到 1953 年上半年短短两年多的时间，确立了从初级到高级的职业教育体系，提出了开办正规的、速成的、业余的各种技术学校或训练班适当配合发展的方针，制定了有关技术学校的各种规章制度为复兴中国职业教育事业奠定了初步基础。

2. 中等专业学校和技工学校的发展

1953 年以后，提出全面学习苏联教育。当时苏联的职业教育主要有两种类型：①招收 7 年制"不完全"中学（即"完小"）毕业生的技术学校、师范学校、医科学校，学制 1—3 年；②招收 4 年制初等学校毕业生的艺徒学校，学习期从 4 个月到 3 年不等；高等教育中除有 2 年制的师范工科学校之外没有高等职业学校。

据此学习的结果，是将招收初中毕业生的中等专业或技术学校作为职业教育的主要形式，所以这个时期实际上发展起来的技术学校主要为两种：①中等专业学校。1954 年高教部颁发的《中等专业学校章程》规定，此类学校的任务是：培养具有马克思列宁主义基础知识，普通教育的文化水平和基础技术知识，并能掌握一定专业，身体健康、全心全意为社会主义建设服务的中等专业干部。招收初中毕业生，学习年限：工业性质的 3—5 年，农、林、医及其他学校 3 年，计划经济及会计等学校 2 年半至 3 年，业余中等专业学校年限按同类全日制中专的年限增加 1—2 年。毕业后由国家统一分配工作。②技术工人学校，招收初中毕业生，学制 3 年。培养目标为：培养具有社会主义觉悟，必要的技术理论知识、全面的操作技能和身体健康的熟练技术工人。在我国历史上首次将培养技术工人的教育提高到高中阶段。

至于招收小学毕业生的初级技术学校、职业学校在后来的发展中数量很少。直至 1963 年教育部和劳动部在北京召开城市职业教育座谈会，开始提出"应把职业教育作为我国学制的一个重要组成部分，逐步建立起完备的职业教育体系,将部分初中改变为各类职业学校"的问题。高等职业教育的专科学校,1952年时大学生中有45%为专科学生,但是认为专科学生水准不高,苏联学校制度中也无专科学校,所以从1953年以后专科学校逐渐停办,只保留少数师专、医专等学校。在工农业余教育方面,1951年教育部和全国总工会联合召开第一次全国职工业余教育会议,确定工农业余教育的任务以文化教育为主,适当地结合政治教育、生产技术教育和卫生教育。1951年1月全国职工业余教育委员会成立。

这样,在19世纪50年代上半期,在我国形成了一种两类以中等技术学校为主体的职业教育体系。技术学校的领导体制均归中央有关业务部门主管,实行集中统一的直接领导。

这一阶段,职业教育获得了以下发展成就:创立了很多中等职业学校,尤其是创建了技术工人学校。技术工人学校开始覆盖小学、初中和高中三个阶段,而且各种中专技校为我国社会主义建设提供了大量人才。但是这一阶段也存在重大问题,学习苏联教育模式时没有结合我国的实际情况,完全照搬,导致占高等学校31%的专科学校和大学专科大部分停办,职业教育缺乏层次;设校、设科单一,管理上归各业务主管部门所有,缺乏灵活性。由于当时经济发展以重工业为重点,在设科上重工业比重大,轻工业及其他专业比重小。从教育事业的整体而言,仍是以升学教育为主,中小学教学计划中均未列入劳动或生产教育,普通中学占全部中等学校数的76%,职业学校(包括师范学校)毕业生占全部中等学校毕业生的22%。职业教育薄弱落后的状况并未改观。随着普教的发展,大批中小学生升学与就业问题日益突出,到50年代中期以后变得十分尖锐。

3. 推行半工半读,创设农业中学、职业中学

1955年,我国开始实行第一个五年计划。1956年,中国共产党第

八次全国代表大会提出集中力量发展社会生产力，实现国家工业化，逐步满足人民日益增长的物质和文化需要的任务。1956年，教育部建议把全面发展与因材施教相结合作为教育的原则和方针。1957年3月，教育部通知各地初中三年级可增设农业基础知识课，并一再提出做好不升学的中、小毕业生的生产劳动教育。一场以教育与生产劳动相结合为中心、结合中国实际，探索自己教育发展道路的教育改革便从1957年开始了，并在1958年达到高潮。

1958年的教育改革在职业教育上主要表现在三个方面。

（1）建立半工半读的职业学校。

（2）创办农业中学、职业中学。

（3）在普通中小学开设生产劳动课。

4. 改革中等教育结构，大力发展各类职业教育

自党的十一届三中全会召开以来，我国明确将党和国家的工作重心转移至以经济建设为核心的社会主义现代化建设之上，旨在全面促进社会生产力的发展，并逐步提升人民的物质文化生活水平。在此背景下，教育部积极响应国家将大力发展职业教育成为我国的基本国策和长远的战略方针，组织召开了全国教育工作会议，旨在全国范围内深入推进中等教育结构的改革。教育不仅关注学生的升学情况，也开始着手培养后备力量。在这一时期，我国的教育体系变得越来越丰富，不仅有普通中学教育体系，还有职业教育体系。1980年之后，各地出现了很多职业高中班，也有专门的劳动服务公司对劳动者进行就业培训。1985年，党中央强调进行教育体制改革，重点推动职业教育发展，强调应该先对工人进行培训，然后引导其就业。在教育体制改革的过程中，社会慢慢建立起了职业教育体系。这个职业教育体系不仅结构合理，而且和普通教育之间形成了一定的联系。从此，我国的职业教育进入了一个新的发展时期。

第二节　职业教育的结构与体系

职业教育作为一个大系统，其结构取决于职业教育的功能；同时，要达到一定的功能，还必须建立相应的职业教育系统结构。职业教育结构系统指层次结构、类型结构、布局结构、专业结构、课程结构等；体系包括教育与培训体系、管理体系、职业指导与咨询体系、保障体系。影响和决定职业教育结构与体系的因素主要有以下几种。

一、经济全球化与职业教育

经济全球化对职业教育的影响是巨大的。职业教育将从地区、国家走向国际化，同时，要调整结构、扩大规模和提高质量以应对国际经济的激烈竞争。

在发达国家，大部分职业的工作内容发生了巨大变化，同时在工业部门的工作和就业机会总体趋于减少。许多低等和中等技术的工作被转移到劳动力更便宜的发展中国家去了，因此，失去工作的人发现他们自己不胜任高技术产业和服务业提供的工作，他们需要学习和培训。在发展中国家，特别是在非洲，则会大大加剧本来就存在的失业问题。效率低下的劳动密集型产业由于无法同跨国公司竞争而不得不关闭。发展中国家面临着现代化和发展高新技术产业的问题，同时，也面临着人才流失的危机。所以，全球化提高了一些国家的经济增长速度，同时也要求他们提高竞争能力。过去几十年来，不断变化的社会经济趋势，已经使职业教育从"供给驱动型"转变为"需求驱动型"（市场驱动型）。

新的全球经济环境要求进一步调整职业教育的方向，使之能够更灵活地适应学生、职工和雇主的要求。从终身教育和可持续发展的观念出发，职业教育将向"发展需求驱动型"转化。

二、市场经济与职业教育

（一）人才市场与职业教育

市场是商品经济的产物，市场存在的前提是商品的交换，商品的产生源于社会分工，职业的产生也是由于社会分工，所以，职业教育与商品生产有着天然的联系。职业教育决定于社会分工、服务于社会分工，同时又是促进社会分工和深化社会分工的有力手段。职业教育是一种规范性的、针对专业设置和培养规格进行系统化设计的操作系统，可以使千差万别的职业形成一个合理的人才层次和培养人才的科学系统。只有劳动力的所有权和职业资格是明晰的，劳动者才能顺利进入劳务市场。职业教育起着稳定分工，培养各行各业所需人才的作用。在分工深化，新行业、新职业出现时，职业教育也具有前瞻和先导作用。

（二）职业教育市场

当劳动力、技术、信息等都作为生产要素进入市场后，就形成了职业教育市场。职业教育市场的实质是：职业教育产品生产者与职业教育产品需求者之间交换的场所及其交换关系的总和。即由教育设施、教师的劳动等所提供的有形的和无形的有价服务，与职业教育产品需求者为满足身心发展和职业需求所进行的（一般以学费等形式体现）等价交换，所形成的市场。只有这种交换关系的循环进行，职业教育的产品才能得以不断实现。因此，职业教育产品必须能够满足受教育者和人才市场的需求，才能实现这种交换。

在职业教育市场中，市场机制对职业教育的调节作用，主要是通过劳动力市场来进行的。劳动力市场的需求决定着职业教育的层次、类型、专业、布局和规模。职业教育产品的价格由市场竞争来调节。通过市场调节可以优化教育资源的配置，提高教育资源的利用率，增强办学效益，实现利益激励和优胜劣汰的功能。

但是，教育作为公共产品，具有双重性质。教育既是产业可以进入市场，又是公民的权利，具有社会公益事业的性质。市场调节有其固有的缺陷，如企业从自身的利益出发，往往急功近利，不考虑受教育者的全面发展和长远利益，办教育者为利益所驱动，争办热门专业，各自为政，造成无序竞争，等等。国家和政府必须对职业教育进行宏观调控，对国家需要的艰苦专业给予政策上的扶持；对处于不利地位的人群，如妇女、残疾人、失业者、低收入者等给予政策上的扶助，以保障公民的受教育权。

三、教育内部的市场运作

按照市场经济资本运营的方式，学校的全部资源都可以价值化或证券化。可以通过学校资本的流动来优化学校的资本结构；也可以通过对现有资产的重组，盘活闲置或效益不高的资产，提高办学效益。股份制的学校运作方式目前也正在试验中。

四、知识经济与职业教育

知识经济是建立在知识和信息的生产分配和使用（消费）之上，以知识资源为基础，以知识产业为主导产业，以投入知识、创新生产、数字网络化传播和扩散、快速空间增值和整合为基本特征的经济。

（一）知识观念的更新

知识过去更多地被理解为科学理论、书本知识，在知识经济条件下，知识产业作为主导产业，更注重的是知识的应用。美国萨维奇著《第五代管理》将什么是知识，知识的表现形式列为：知道如何做（KNOW-HOW）——完成任务的方法；知道找谁KNOW-WHO）——该如何获得关键资源；知道干什么（KNOW-WHAT）——具有鉴别知识的主要模式的能力；知道为什么（KNOW-WHY）——能理解事件背景和公司意图；知道在何处（KNOW-WHERE）——知道事件可能和应该在何处发生；知道在何时（KNOW-WHEN）具有节奏感、选择时机的能力及现实主义的态度。因而，实践经验所获得知识，应用知识解决问题的能力就提到了重要地位。所以，20世纪70年代从北美兴起的以能力为基础的职业教育，迅速在国际上得到了共识。

（二）知识的创新

知识经济使知识的作用和地位发生了变化。知识生产力已成为生产力、竞争力和经济成败的关键。知识将成为长远的和可持续的竞争优势的唯一源泉。高技术产业固然需要技术创新，即使做一个工人，在知识时代，也必须是会思考能提出合理化建议的工人。为了培养知识型、创新型和复合型的人才，必须改革传统的实用性训练的职业教育，要加强基础、普职沟通、提高层次、完善体系。

随着工作与学习的界限越来越模糊，通过工作进行教育将成为职业教育的重要手段。

五、技术革命与职教创新

（一）技术革命与人才竞争

新技术革命源于 20 世纪 30—40 年代的理论突破，在 50—60 年代得到初步发展，70 年代后期开始蓬勃发展，到 80 年代中期已成推动全球之势。这些新技术主要有信息技术、生物技术、激光技术、空间技术和海洋工程等。信息技术、生物技术是新技术革命的主角，新材料、激光等是新技术革命的基础,能源、材料和信息是现代文明的三大支柱。新技术革命的成果将被大规模地转化成崭新的生产主力。新技术创新使各国越来越清楚地认识到，高新技术的发展，将决定 21 世纪自己在世界上的位置。发展高新技术必然要发展高等教育，包括高等职业教育；同时，也必须有大量中初级的技术人才，使高、中、初级的技术人才保持一个合理的比例，才能使社会的劳动人口形成一个知识结构合理的高效率的智力群体。

（二）技术革新与职教创新

技术革新直接推动各行各业的发展与变化，推动社会的进步和需求、消费的变化，行业技术的发展和行业职能的变化，直接要求职教创新。许多行业的技术、内涵和社会职能发生了巨大或根本性的变化，如水利行业，过去的观念是工程水利，现在已转变为资源水利，重点不仅在水利建设，而且要建设、管理、经营、环保、开发服务一体化，医疗卫生的服务模式已从传统的生物医学模式向生物—社会—心理—环境模式转变，要求实现社区服务，培养全科医生。一些行业的技术有了很大的发展，如制造业，"九五"期间被有关部委列入发展规划中的 37 个工业关键技术中，有一半是制造技术。先进制造技术有新型加工设备（经优化设计的普通机床、数控机床、加工中心等）、与刀具材料相适应的科学合理的切削用量数据库、新的成型方式（如利用电、热、光流体、化学等非机械能的特种加工技术、精密铸造、精密锻造等少切屑和无切屑加工技术及长成加工技术）、融入信息技术的设计制造过程（CAD、CAPP、CAM……FMC、FMS、CIM等）、新的制造（组织）模式——精良生产LP、灵捷制造AM、并行工程CE、准时制JITT等。技术的更新带动了生产管理的革新。如冶金行业，企业生产管理自动化水平的提高和生产管理一体化趋势，导致工作岗位尤其是功能少、操作技术简单、主要凭直观经验的岗位越来越少。员工的工作方式发生了根本变化，员工主要是通过计算机终端、操作台和操作中心来了解、控制和优化一条生产线，乃至整个企业的设备运行情况及各工序各环节生产经营管理情况。如采用计算机集成生产系统的轧钢企业，原来工种间、专业间甚至工厂间的界限都变得模糊了。这种企业需要有特殊技术的专门人才，更需要大量掌握计算机技术和其他技术的复合型人才。

六、信息化社会与职教信息化

计算机和数字技术、网络技术的产生，使社会进入了信息化时代。在工业化时代，如果说动力机械加强了人力，那么电脑就是加强了人的脑力，摆脱人脑在某些方面的局限性，在一定意义上使人看到了摆脱物的局限性的前景，使人能争取以最少的物质消耗并以最快的速度，更好地满足生产和生活的需要，达到可持续发展。

（一）传播手段的更新对教育的重大意义

教育的重要功能之一是传递信息，可以说有什么样的传播工具就会有什么样的教育方式。在没有发明造纸和印刷术之前，学校教育主要靠口耳相传，印刷术发明之后学校才有了教科书。现代信息技术，特别是计算机的使用，使信息可以实现零距离、零时差的交互传播，信息源获取的丰富性和便捷程度是以往的传播手段所无法比拟的。教材将突破目前平面的、静态的书本形式，成为多种媒体、声像具备能反映事物内部结构和连续变化过程的动态形式。多媒体和交互技术为个性化教育提供了可能。这必然引起教育观念、教育组织、教育内容、教育模式、教育技术、教育环境以及学习方式的深刻变革。职业教育也将走向信息化、网络化，通过建设教学信息库、网上课件、计算机辅助教学、模拟教学、远程教学等，实现一种开放、共享、个性化、动态化、相互协作、无限交互的职业教育教学体系。

（二）信息能力和再就业能力

20世纪后半叶，知识的富集和衰减的速度都急剧加快，人们必须不断地学习，学习新知识、解决新问题，因此，获取和应用信息的能力就成为重要的就业能力。国际教育协会（ISTE）提出，信息化的教育应使学生具备以下能力[1]：

（1）熟练使用信息技术进行信息和思想交流的能力。

（2）在信息汇集的基础上做出决策和概括的能力。

（3）了解内容并获取所需额外信息的能力。

（4）评价信息和来源的能力。

（5）建构、生产和发布模式、内容及其他创造性作品的能力。

（6）成为自主学习者，在团队工作中相互协作、解决问题和做出明智决定的能力。

（7）以合乎道德规范并且以恰当的方式与他人交往的能力。

---

[1] 袁云霞，走近职教信息化［J］．中国职业技术教育，2001（6）：31-32.

七、学习化社会与职业教育

学习化的要求或者说是表现有以下几方面：要使学生把个人的进步当成自己的责任；学习被认为是一种有创造性的、有回报的、愉快的活动；个人的能力和共同的价值观、团队活动与学习知识一样重要；学习是一种合作关系；学习被当作一种终身的连续不断的活动；学习是外向的、开放的，对别人的文化、传统、种族信仰都能理解、容忍、尊重和接受等；人人都有发展的权利，人人都有发展的可能：职业教育是为人的发展服务的，所以，因材施教不是看学生不能学什么，而是要发现学生能学什么。

八、终身教育观念与职业教育

"终身教育"这个观念早已有之，我国古代就有"活到老、学到老"的说法。1919年，英国建立成人教育委员会时，认为成人教育的机会是普遍的和终身的，但成人教育作为一个专门的教育概念在20世纪60年代才开始被提出。1965年，联合国教科文国际成人教育促进委员会讨论保罗·朗格朗的提案，把法文译成英文——Life Long Education，正式确立了"终身教育"这个概念。保罗·朗格朗被任命为联合国教科文组织终身教育科科长。他的代表作《终身教育引论》1970年出版。1972年，终身教育原则在以埃德加·富尔为主席的、由联合国教科文组织用《学会生存》的标题出版的报告里，在国际范围内被肯定下来。1976年6月，设在曼谷的联合国教科文组织亚洲教育中心主办了"关于终身教育课程的区域会议"。

1985年，《终身教育引论》被译成中文在我国出版。保罗·朗格朗在为《终身教育引论》中译本所写的序言中，对终身教育观念做了如下说明，认为终身教育思想的核心就是考虑教育过程的统一性、整体性和连续性。

（1）必须把教育看作贯穿于人的整个一生与人的发展各个阶段的持续不断的过程。从这个立场出发，重新考虑安排人的全部教育过程。

（2）应将普通文化教育和职业教育视为一个统一的、有机的整体。

（3）要特别重视成人教育。

终身教育是一种教育观念，是教育的一种理念，而不是某种具体的教育，有人把终身教育与成人教育或继续教育相等同，是对终身教育的误解。终身教育也是构建职业教育体系的重要指导思想。

第三节 职业教育的教学论

一、职业教育教学目标

教学目标是教学活动实施的方向和预期达成的结果，是一切教学活动的出发点和最终归宿，更是教学价值的具体体现。因此，对职业教育教学目标的研究，应从职业教育教学目标的价值取向入手，提出职业教育教学目标及其结构。职业教育教学的价值虽然在满足个体发展和社会发展的需要方面仍然发挥着重要作用，但在满足职业发展需要方面的作用更加显现。因此，职业教育教学目标的价值取向于个体发展、社会发展和职业发展的需要。

（一）个体发展的需要

在学生个体发展需要方面，职业教育教学目标的价值具体体现在学生个体发展的方向和水平上。长期以来，在教学目标的研究和使用上，

第一章 宏观视角下的职业教育

人们一直十分关注学生个体发展的水平，忽视学生个体发展的方向，而学生个体发展的方向往往比学生个体发展的水平更重要。

20世纪80年代，哈佛大学知名发展心理学家霍华德·加德纳（Howard Gardner）博士提出了"多元智能"概念。加德纳博士认为，人类智能具有多样性，由语言智能、数学智能、空间智能、运动智能、旋律智能、人际智能、内向智能、自然智能八类智能要素构成，智能的属性不同，其特点也不同。

（1）语言智能是指个体具备的言语表达能力，以及个体表达想法及了解他人的情况，灵活掌握语音、语义和语法，能够将语言思维、表达能力以及欣赏语言深刻含义的能力相结合并自如应用。具备语言智能的个体可以成为政治活动家、演说家、主持人、记者、编辑、作家、律师、教师等。

（2）数学智能是指个体计算、测量、推理、归纳、分类以及进行各种复杂的数学计算活动的能力。这种智能包含了个体理解逻辑学的方式与关系、陈述见解与主张、探索功能和抽象观念敏感度的能力。拥有数学智能的个体主要从事科学、会计、统计、工程师、计算机软件开发等工作。

（3）空间智能是指个体精准认知视野周围环境的能力，包括对颜色、线条、形状和空间关系的感知。拥有空间智能的个体，能够将所感受到的图像以图形的方式呈现出来，最适宜从事室内设计、建筑、摄影、绘画和飞行等工作。

（4）运动智能是指一种熟练利用全身力量表达思想和情感、使用双手制造并操纵物品的技能。这种智能包含了诸如平衡、协调、敏捷、力量、弹性和速度等特定的体力技巧，适合从事运动员、舞蹈演员、外科医生、宝石匠、机械师等工作。

（5）旋律智能是指人对音调、旋律、节奏和音色的敏感感知能力。拥有这种智能的个体对节奏、音调都很敏感，天生具备较高的演奏、创作和思考才能，适合从事歌唱家、指挥家、作曲家、调琴师、音乐评论家等工作。

（6）人际智能是指一种了解他人并与他人友好交流的技能。拥有这种智能的个体擅长感知他人的情绪、情感，从各种复杂的关系中寻找线索，并给予这些线索恰当的回应。具备人际智能的个体通常主要是外交家、领导者、政治家、销售人员、公关人员和顾问等。

（7）内向智能是指个体了解自身并具有良好的自知能力，能够根据周围环境的变化表现出相应的行动。这种智能可以帮助个体更好地识别自身的优势和劣势，了解自身的爱好、情感、意志、脾气和自尊心，并且乐于思考。拥有内向智能的个体适合成为政治家、哲学家、心理学家和思想家等。

（8）自然智能是指个体观察自然界中的一切，并能够对观察到的事物进行辩论和归类的技能。拥有这种智能的个体，通常具备强大的好奇心和求知欲望，拥有洞悉一切细节的能力，往往以拥有高智商著称，最适合成为生物学家、天文学家、考古学家、地质学家和环境设计师等。

多元智能理论为学生个体发展方向的选择提供了科学依据。尽管职业教育是培养技能型人才的教育类型，但是技能型人才的职业发展方向也取决于个体的智能结构。因此，职业教育教学目标体现学生个体发展的需要，就需要依据不同学生不同的优质潜能确定发展方向和发展水平。

（二）社会发展的需求

在社会发展的需要方面，职业教育教学目标的价值不但要体现在学生适应社会发展上，还要体现在承担起推动社会发展责任上。当今社会，政治上民主进程加快、经济上知识经济已见端倪、文化上以人为本、科学技术上空前发展等，都对学生个体的发展提出了较高的要求。

职业教育是与经济社会发展最密切的一种教育类型。以高新技术产业为支柱的知识经济时代到来，对接受职业教育的学生个体提出了更高的要求。知识经济时代以创新为灵魂，以资产投入无形化、经济发展可持续化、世界经济一体化、价值取向智力化、学习终身化、市场竞争合作化、低碳环保绿色为主要特征，对劳动者的素质、就业方式和职业生涯发展等都提出了新的要求。因此，职业教育教学目标关注社会发展的需要，就需要注重对学生民主意识、创新能力、绿色理念的培养。

（三）职业发展需求

在职业发展的需要方面，职业教育教学目标的价值不仅要体现在越来越高的职业特质上，还要体现在职业迁移能力上。长期以来，职业发展存在两大趋势：一是各类职业对其从事者的职业特质要求越来越高。以高技术含量、高附加值、强竞争力为特征的高端制造业对技能型人才技术特质的要求、以个性化服务为理念向社会提供高附加值的生产服务和生活服务的现代服务业，对技能型人才服务特质的要求，以及现代文化艺术产业对技能型人才文化艺术特质的要求，都是前所未有的。二是新职业出现和旧职业消失速度在不断加快。职业是社会分工的结果，是人类社会生产和社会生活进步的标志。随着经济和社会的不断发展，科学技术的突飞猛进，职业的数量、种类、结构、要求都在不断地发生着变化。这种职业发展趋势加速了个人职业的变化，对个人的职业迁移能力提出更高的要求。

二、职业教育教学内容

为了实现职业教育的教学目标，需要选择合适的职业教育教学内容，并加以科学组织，形成各种课程。因此，对职业教育教学内容的研究，需要解决职业教育教学内容的选择和组织两个重要问题。

（一）职业教育教学内容的选择

教学内容的选择是为了教学目标的实现。为此，职业教育教学内容的选择应依据职业教育的教学目标进行。

1. 职业教育教学内容选择的范围

人的成长，依靠直接经验和间接经验。直接经验是指亲身参加变革现实的实践而获得的经验；间接经验是从别人，甚至说从人类积累的那些经验里获得的经验。在接受教育期间，人的成长主要依靠间接经验。因此教学内容的选择，是从人类间接经验中，选择适合于学生学习特征和学生成长需要的经验。因此，从人类教育教学实践分析，教学内容的选择取向主要分为七种：道德主义取向、百科全书取向、文艺复演取向、形式训练取向、唯科学取向、经验取向和社会取向。

职业教育是培养技术技能型人才的教育类型，这种类型的人才需要的人类积累的经验，是以理论知识体系、技术方法体系和职业活动体系存在着。因此，职业教育教学内容应从理论知识体系、技术方法体系和职业活动体系中进行选择。

2. 职业教育教学内容选择的方法

从理论知识体系、技术方法体系和职业活动体系中进行选择职业教育教学内容，选择的方法也因不同体系的特点不同而不同。

（1）技术/方法的选择

根据专业技能指标，对有关技术、手段与专业技能指标之间的相关性问题进行研究。在技术和方法的选用上，重点关注技术的形成和演化，促使学生具备技术创新能力；强调掌握此种技术和方法的总体架构，并具备掌握新技术的能力；强调技术运用过程中的技能提升；在专业实践中，应注意区分技术和方法的具体特性，并在专业实践中对不同的技术进行对比和筛选，确保技术和方法的选择符合学术研究的基本规律。

（2）典型任务选择的方法

根据高职院校的实际情况选取具有代表性的任务。在选择任务时，应注意所选任务的典型性、趣味性和难易程度。典型性是指在高职院校毕业生的职业生涯中，经常遇到的具有代表性的专业实践；趣味性是一种与学生心理特征相适应，能够引起学生对知识的浓厚兴趣，促使学生喜欢学习的特性；难易适中是指学生所从事的职业与学生的专业技能的匹配程度。

（二）职业教育教学内容的组织

职业教育教学内容的组织形成课程和课程体系。在职业教育教学内容的组织过程中，首先通过职业教育教学内容的分类形成一门门课程，构成一个专业的课程体系；然后是每一门课程内部结构的设计和内容的组织。

1. 职业教育教学内容的宏观组织

职业教育教学内容的宏观组织是指职业教育专业课程体系的形成和各类课程间的逻辑关系。

（1）课程体系的形成

职业教育教学内容的宏观组织方法如图1-1至图1-3所示，形成由活动课程、学科课程和技术/方法课程形成的专业课程体系。

◎ 中高本专业一体化衔接研究

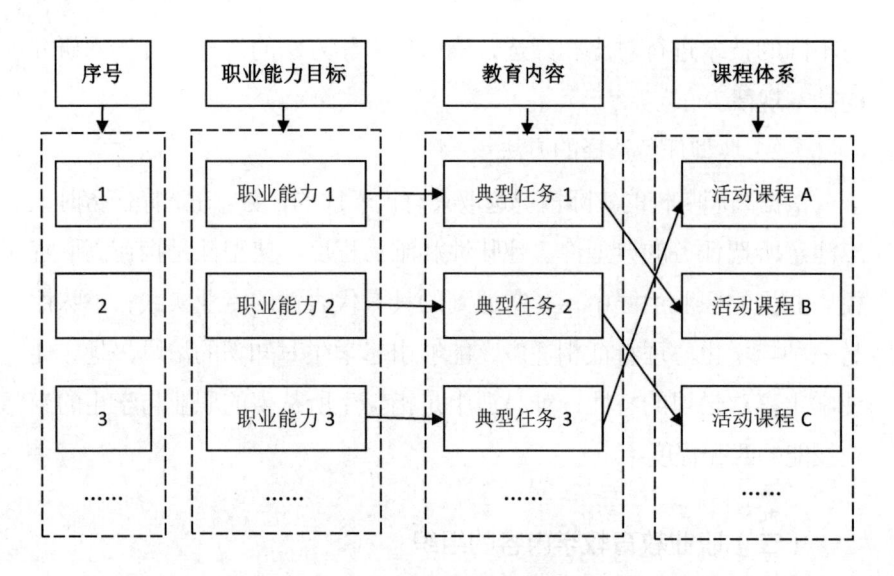

图 1-1 活动课程体系形成

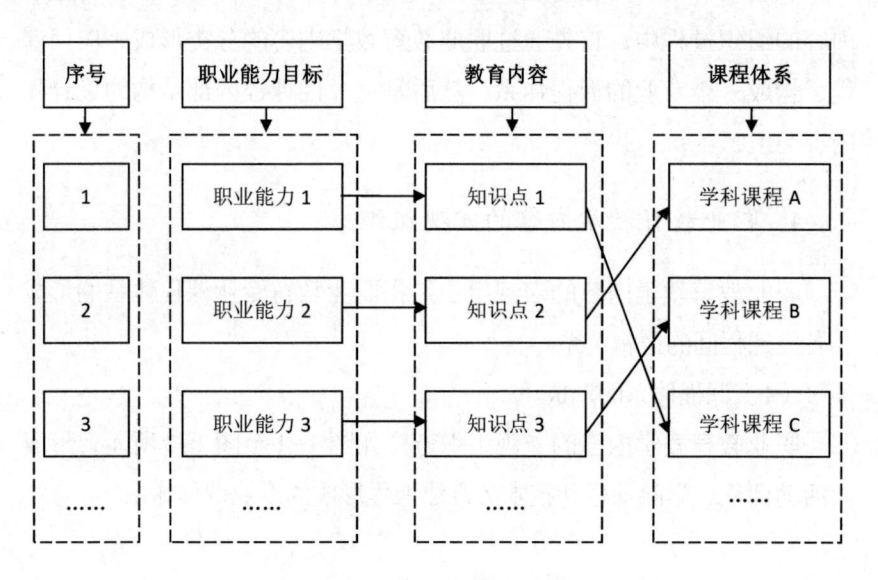

图 1-2 学科课程体系形成

- 46 -

第一章　宏观视角下的职业教育◎

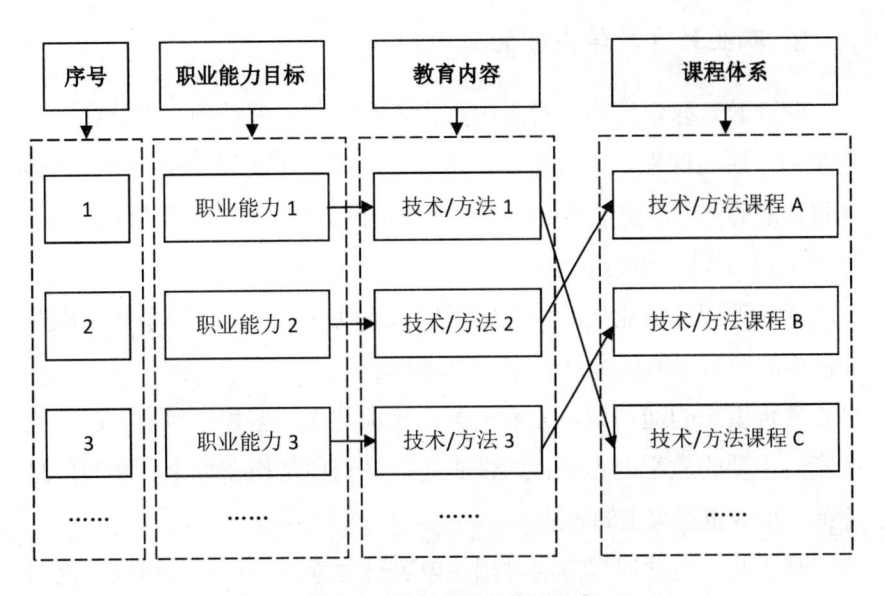

```
┌──────┐ ┌──────────┐ ┌──────────┐ ┌──────────┐
│ 序号 │ │职业能力目标│ │ 教育内容 │ │ 课程体系 │
└──────┘ └──────────┘ └──────────┘ └──────────┘
┌──────┐ ┌──────────┐ ┌──────────┐ ┌──────────┐
│  1   │ │ 职业能力1 │→│技术/方法1│ │技术/方法课程A│
│  2   │ │ 职业能力2 │→│技术/方法2│ │技术/方法课程B│
│  3   │ │ 职业能力3 │→│技术/方法3│ │技术/方法课程C│
│ ……  │ │   ……    │ │   ……   │ │    ……     │
└──────┘ └──────────┘ └──────────┘ └──────────┘
```

图1-3　技术／方法课程形成

（2）课程间的逻辑关系

高职教育是以素质为导向的教育，而能力通常只有在实践中才能培养。专业素质的培养离不开专业的实践活动。在高职教育中，体育课程担负着培养学生综合能力与专业素质的任务。因此，体育学科是一门非常重要的职业教育课程。专业技术与技术方法的教学目标是使学生能够系统地掌握本专业的基础理论与技术方法论，从而形成相应的技术架构。课程的终极目标服务于课程活动，致力于培养学生的专业素质、知识和技能，是确保学生能够实现可持续发展的重要保障。

学科课程、技术方法课程与实践课程之间的关系，与三级学科课程之间的逻辑联系有着根本的不同。在三阶段教学中，活动课程是以学生对专业课程所涉及的专业技术和技术手段的理解为主要内容而设计的实践课程，这类课程的终极目标是使学生能够熟练地运用所学的理论与技术手段。所以，三个阶段的课程教学应该以知识为中心而非以技能为中心。

2. 职业教育教学内容的微观组织

职业教育教学内容微观组织是指各类课程内部结构的设计和内容的组织。活动课程、学科课程和技术方法课程开设的目的不同、各类课程功能的不同决定了其不同的内部结构设计和内容的组织形式。

（1）活动课程的结构

活动课程以职业技能为主要目标，活动课程的作用在于建构职业生涯中的逻辑思维和能力学习的思维逻辑。

垂直组织的通用规范分为两类，分别是连续型和序列型。连续型是指对主要的教学内容进行线性表述；序列型是指在每个后续的信息之前，形成重点突出的表述。

基于此，活动课程需要对相关内容进行深入而广泛的研究。这两项原则在职业教育的纵向结构中表现为：

第一，专业技能的难度顺序。职业教育活动课程的纵向结构总体上应该按照从容易到困难的顺序进行。

第二，专业行为的逻辑顺序。每项专业任务的完成都要经历一系列的工作流程，从开始到最后的整个工作流程需要遵循特定的逻辑顺序。高职教育的教学内容要符合专业课程发展规律，纵向开展教学活动。

第三，专业技能的逻辑顺序。从心理学的角度看，职业技能的形成是一个比较复杂的过程，每个阶段都有每个阶段的特征。

第一章　宏观视角下的职业教育◎

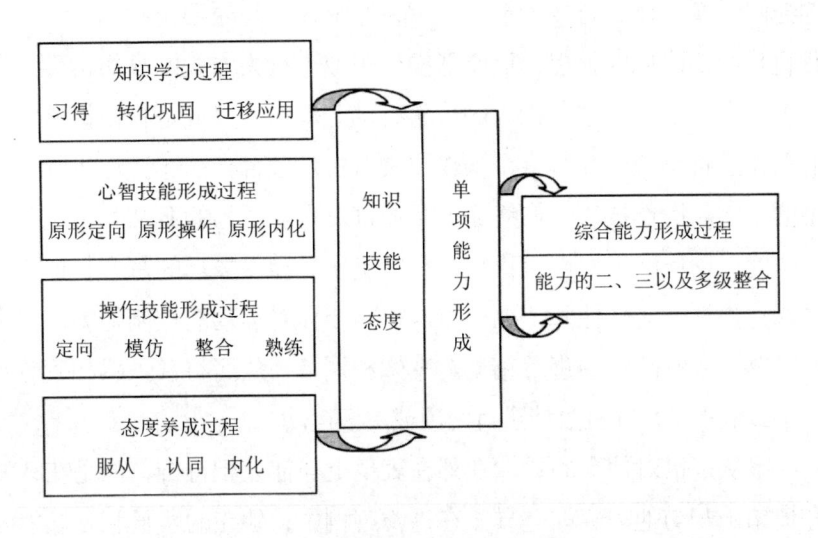

```
┌─────────────────────┐
│   知识学习过程       │
│ 习得  转化巩固  迁移应用 │
└─────────────────────┘
┌─────────────────────┐  ┌────┐ ┌────┐
│   心智技能形成过程    │  │知识│ │单项│  ┌─────────────────────┐
│ 原形定向 原形操作 原形内化│  │技能│ │能力│  │   综合能力形成过程    │
└─────────────────────┘  │态度│ │形成│  │ 能力的二、三以及多级整合 │
┌─────────────────────┐  │    │ │    │  └─────────────────────┘
│   操作技能形成过程    │  └────┘ └────┘
│ 定向  模仿  整合  熟练  │
└─────────────────────┘
┌─────────────────────┐
│   态度养成过程       │
│ 服从  认同  内化     │
└─────────────────────┘
```

图 1-4　职业能力形成逻辑示意图

习得是指学习者在学习目标的引导下，有选择地对新知识进行吸收，并与已有的知识进行交互、连接，最终将其储存为有价值的知识体系的过程。在知识学习过程初期，从习得到转化巩固再到迁移应用，这个过程促成了学生单项知识技能的形成。在整个过程中，"转换与强化"从根本上决定了新知识的发展方向：一部分新知识被储存起来，经过恰当的温习变成完整的知识体系，而另外一些新知识则通过不同的变化形式进行强化训练，变成一种程序知识。在知识运用的过程中，理解知识是运用知识的前提。为了解答"是什么"这类问题，通过抽取程序性知识可以得到"怎么办"的结果。

原型取向是个体在脑海中对自身行为模式的定位镜像，该镜像一经确立，便能调整此后个体的真实思维行动，并成为思维行动的基础。范例运算是将思维活动过程之外的形式运用到实践中。"范本内化"是将思维的实践方式转变为内在的思想。借助内在话语，个体能够进行有计划的思维活动，并且能够以简单快捷的方式进行思想行为的转化。

动作的方向是理解动作构造的基础。个体在大脑中能够形成动作的方向镜像。在心智技能形成过程，原形操作是原形定向的深化，同时也是原形内化的前提，而原形操作类似于行为方式的真实再现，本质上是在大脑中产生非指向的现实行动。动作的集成是将模拟器所学的动作进行定型，并将各个动作要素有机地融合在一起，形成整体定型的动作。操作技巧的最终成型是通过对作业行为的概括和系统化来完成的。动作的灵活性、稳定性和精确度是操作技巧的基本特征，动作的连贯性、流畅性和协调性可以提高个体对运动的控制能力，使个体能够对周围的环境进行精确的感知和调节，从而将紧张感和疲劳感降至最低水平，并有效地进行两项或更多运动。

服从是指对他人的看法在外在表现上与他人相符合，但是在认知和情绪上却与他人存在差异。在这类案例中，外在的奖赏和处罚能够对个体的心态产生影响。个体心态的形成与外部环境的变化密不可分。当外部环境改变时，个体的心态也会相应地发生改变。认同是个体积极地接纳他人的思想、情感和态度，而非受到外部压力而选择服从。在这种情况下，个体通常不用承受外部压力，反而会积极接受来自他人或群体的影响。内化是在思维和观点上与他人的观点形成统一，把自身观点与他人的观点、信念结合起来，形成相对完整的价值观体系。在个体内化思想和观念的过程中，不同的价值观之间的矛盾与冲突可以得到有效化解，个体可以按照自身的价值观行事，从而获得愉悦感与满足感；而一旦发生违背自身价值观念的行为，个体将产生负罪感和不愉快的情绪体验。因此，个体需要形成稳重的心态和美德。

活动课程的垂直组织原则要求个体必须正确认识综合能力形成的过程，并在学习的同时，实现能力的多级整合，确保职业能力的形成逻辑与职业教育的教学内容协调一致。

活动课程水平组织要遵循整合原则。整合是指根据所选择的不同课程元素，找到这些元素内部存在的关系，在相互尊重的基础上，将这些元素组合形成有机整体。高职院校的课程层次相对统一，主要包括将多种专业的工作结合起来，形成综合专业工作；包括知识、技能、态度等心理特质元素的融合，构成个体的专业技能。将多种个体的专业技能进行整合形成整体的专业技能，将多个单项职业能力整合形成综合职业能力，具体的整合过程如图 1-5 所示。

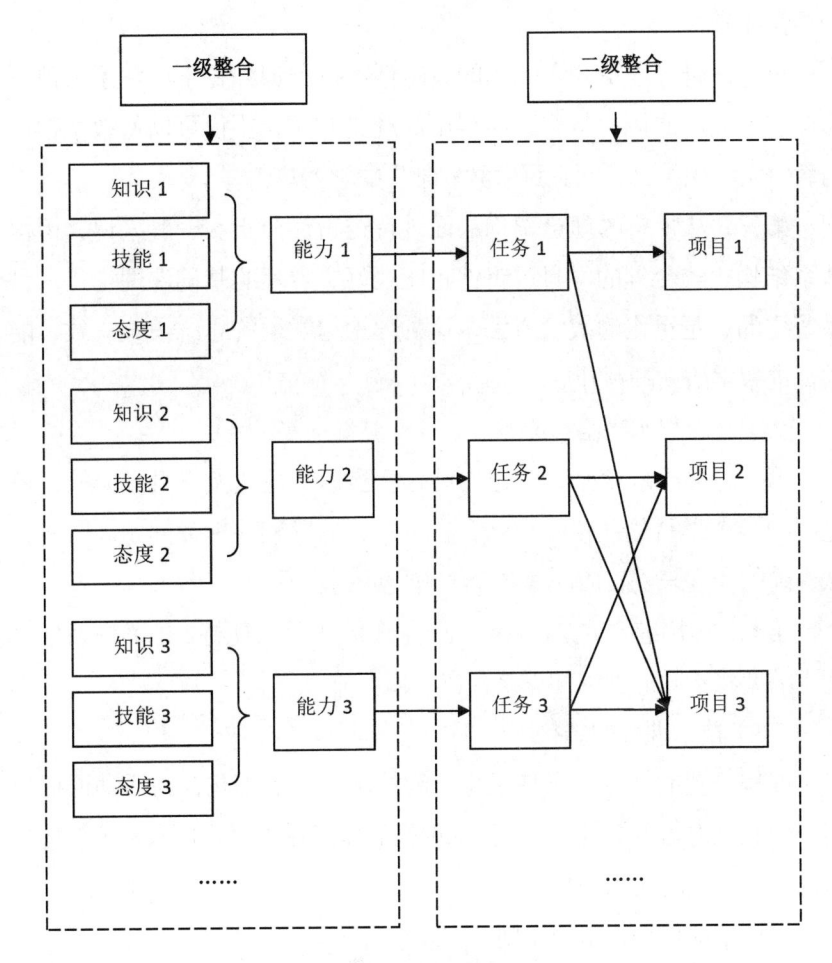

图 1-5 职业教育课程水平组织示意图

（2）学科课程的结构

课程设置的目标在于使学生能够掌握课程的基本原理和结构，从而实现活动课程的学习目标和职业能力的培养目标。学科课程的作用在于建构以实践为目标的专业理论知识架构。

①学科课程垂直组织原则

第一,研究主题发展的时序。对课程体系形成的过程、发展时期、各个发展时期的机遇等进行概括性阐述。这部分内容通常出现在教科书的导言部分。

第二,研究理论知识运用的逻辑性。每门课程在学科体系中都有形成与发展的原因。从实践中得出的理论知识,不仅可以使教学理论与教学实践相结合,而且可以激发学生的学习热情。

第三,从学科的理论架构层面进行逻辑性分析。一般来说,课程体系结构比较合理的学科逻辑性也比较好。课程的基础课理论是一种系统化的、逻辑化的教学方法,这种理论与学生的思维模式一致,能够促进教学活动顺利开展。

②学科课程水平组织原则

第一,关于理论知识的逻辑结构。虽然理论是按学科划分的,但是要把各个学科的理论知识结合在一起,可以解决整体问题。所以,从横向的角度来看,应注意各个学科之间的联系。

第二,运用综合的方法深化理论认知。为了实现特定的教学目标,通常需要将不同的理论知识结合在一起。

(3) 技术课程的结构

课程设置的目标在于使学生了解技术系统的架构,为活动课程学习和职业能力培养提供依据。技术课程的作用在于建构技术系统架构,并以理论知识的应用为目标。

①技术课程垂直组织原则

第一,科技发展的时代顺序。技术课程的垂直组织原则说明了技术的诞生过程,以及技术发展经过的时期,该技术在各个发展时期遇到的问题,这些都需要详尽地概括说明。因为这部分内容带有概括性,所以通常出现在教科书的导言部分。

第二，技术手段的运用。技术手段的产生与发展源于实践。从技术层面引入技术手段，使教学技术与教学内容相结合，可以激发学生的学习热情和学习动力。

②技术课程水平组织原则

技术方法论的逻辑性需要遵循技术课程的水平组织原则。技术和手段都是围绕各种问题形成的，如果技术和手段之间的联系并不紧密，就可以进行技术课程的水平组织。将各种技术和手段结合在一起，通常可以提高技术课程的组织水平。

三、职业教育教学的组织

教学组织形式就是根据一定的教学思想、教学目的和教学内容以及教学主客观条件，组织安排教学活动的方式。职业教育教学活动中，技能教学、任务教学、项目教学和岗位教学是职业教育教学典型的教学活动。这里主要研究技能教学、任务教学、项目教学和岗位教学的组织形式。

（一）技能教学的组织

在职业教育教学中，有的技能需要较长时间教学和训练才能形成，如果把这些技能安排在任务教学、项目教学或岗位教学中完成，就使得这些任务教学、项目教学和岗位教学的目的不突出，为此，常常把需要较长时间教学和训练才能形成的性能独立出来单独进行教学。技能形成过程一般包括定向、模仿、整合和熟练四个阶段。技能教学的组织要根据技能形成阶段的特点进行设计。

1. 定向阶段的教学组织

技能的定向阶段是操作活动的气氛、节奏、姿势、动作等在学习者头脑中形成映像的过程。定向映像应包括两个方面，一是操作活动的结构要素及其关系，即由哪些要素构成某一操作活动，各动作要素间的关系和顺序如何。二是活动的方式，即操作的轨迹、方向、幅度、力量、速度、频率、动作衔接等。

操作定向是操作技能形成过程中的一个重要环节，这个阶段的特点是时间短，但最为关键。因此，准确的定向映像可以有效地调节实际的操作活动，缺乏定向映像的操作活动经常是盲目尝试，效率低下。因此，不应忽视该环节在操作技能形成过程中的作用。因为一旦定向出现了偏差，改正起来会十分困难。因此，操作技能定向阶段的教学组织，一般采用个体或者小组教学的组织形式。在借助于录像、动画或者图片等教学媒体的帮助下，也可采用班级教学的组织形式。

2. 模仿阶段的教学组织

操作的模仿即实际再现出特定的动作方式或行为模式，实质是将头脑中形成的定向映像以外显的实际动作表现出来。模仿阶段要严格要求，不能出偏差，也不要贪眼前速度，而不顾定向所确立的操作规范。

因此，模仿阶段教学时，强调学生的模仿操作不能离开教师的眼睛，在教学组织上一般采用小组教学组织形式，关键技能甚至采用个体教学组织形式。

3. 整合阶段的教学组织

整合即把模仿阶段习得的动作固定下来，并使各动作成分相互结合，成为定型的、一体化的动作。通过整合，一方面，动作水平得以提高，动作结构趋于合理、协调，动作的初步概括化得以实现；另一方面，个体对动作的有效控制逐步增强。因此，整合是操作技能形成过程中的关键环节，它是从模仿到熟练的一个过渡阶段，也为熟练的活动方式形成打下基础。因此，通过整合阶段，要形成标准的操作。

所以，整合阶段的教学组织也不宜采用班级教学组织形式，但没有必要采用个体教学组织形式，小组教学组织形式是比较有效的。教师应主要关注每个人操作的连续性和规范性。

4. 熟练阶段的教学组织

操作的熟练是操作技能最后形成的阶段，是由于操作活动方式的概括化、系统化而实现的。熟练阶段用时最长，最艰苦，学习者常常在这一阶段失去自信心。一般学习者的成长过程分为四个阶段：初阶学习期、基本能力形成期、瓶颈期（再训练期）和专业能力成长期。在初阶学习期，每个学习者的差异性不是很大。而在基本能力形成期，学习者的成长幅度是不同的，而经过一定的时间训练会使学习者达到趋同的速度瓶颈。瓶颈期（再训练期）是一个平台期，也是技能训练的枯燥期，是能否进入更高的技能专业能力的分水岭，是考验学习者和实训教练练习方法和教学方法科学性的关键时期。专业能力成长期是经过积累每个学习者各自形成自己的技能风格和技能熟练程度而达到的程度。

在这个阶段，由于学生的技能已经十分规范，不必关注每一个人的每一个动作，只需要关注学生整体的熟练程度。为了形成学生学习的竞争氛围，宜采用大班教学组织形式。

（二）任务教学的组织

在实际工作中，有些任务需要一个人独立完成。这时就需要学生独立分析问题、解决问题、完成任务的能力。这样的任务教学如果放到项目教学或者岗位教学中完成，就使得项目教学和岗位教学的目的不突出。任务教学过程包括任务描述、任务分析、完成任务、学习评价四个阶段。任务教学的组织可据此过程不同阶段的特点进行设计。

1. 任务描述阶段的教学组织

任务描述是对典型任务的描述，目的是让学生了解任务的背景、内容、要求。这里的要求包括时间、成本、安全等。为了让学生对将要完成的任务掌握的信息一致，教师可以采用班级教学组织形式。

2. 任务分析阶段的教学组织

任务分析阶段是完成一项任务所需能力形成的第一个环节。这个环节对于培养学习者接受任务后，形成分析的习惯、分析的思路以及严谨态度，都是十分重要的。任务分析阶段，需要根据给出的任务描述，通过分析明确以下几个问题：①这是一件什么样的工作任务？②任务的核心问题在哪儿？③任务的具体要求是什么？④怎样才能满足任务要求？⑤已经具备了哪些经验？⑥需要哪些支持／帮助？⑦哪些信息及其渠道可供使用？

计划制订是根据任务分析的结果，做出完成任务的实施计划。在计划中要明确以下问题：①面对一项工作任务怎样理清头绪是专业的？②以什么次序来安排各工作步骤符合逻辑？③可能遇到哪些问题？④实施过程中需要哪些材料、工具、各机器设备？⑤在哪些阶段所做的工作必须要得到检验？⑥依据哪些原则、方法来检验？⑦对评价工作方面的建议。

任务分析是以学生为主体，应用各种信息渠道，获得有关信息，结合教材提供的相关知识，对完成任务的途径、方法、成本和时间等进行分析。为了培养学生的创新能力，学生可以根据自己可能获得的条件，选择各种不同的工具和手段，形成完成任务的方案。为了培养学生独立分析问题、解决问题的能力，在任务分析阶段，可以采用学生个别教学组织形式。

3. 完成任务阶段的教学组织

完成任务是学生按照已形成的方案，按要求逐步实施，通过完成各个实施环节，形成独立完成任务的能力的重要环节。主要培养学习者工作的逻辑顺序、方法的运用、工具的操作以及认真的态度等。仍然需要采用学生个别教学的组织形式。在学生个别学习的过程中，教师要注意原理的科学性和技术的安全性。

4. 学习评价阶段的教学组织

学习评价包括工作评价和学习评价，包括工作成果和职业能力两个方面。职业能力包括任务分析、计划制订、计划实施和工作评价能力。学习评价包括同学间对任务完成情况的评价和教师对学生完成情况和教学目标达成情况的综合评价。可以采取小组和班级两种教学组织形式完成。同学间的评价，为了节省时间，可以采用小组评价的方式进行；教师综合评价可采用班级教学组织形式。

（三）项目教学的组织

一般职业任务分为两类，一类是由一个人独立完成，有的需要和他人一起合作才能完成。在和他人合作完成的工作中，有的是比较复杂的，需要组成团队在有效的协调、沟通和配合下，才能完成。这些工作可以称为"项目"，利用这样的项目可以培养学习者的通用能力，诸如组织、协调、沟通等。项目导向教学程序包括六个阶段：①项目开发动员；②成立项目开发小组；③编写项目开发计划书；④实施项目计划书；⑤项目评估；⑥项目总结。

1. 项目开发动员阶段的教学组织

在实施项目教学方案前，教师要充分调动学生学习的积极性，指导学生认识到项目开发的意义、项目的功能、项目开发所需要的技术、学习方式、项目开发过程和项目的总体评价。教师可以利用实例效应激发学生对该课题的兴趣，促使学生积极地投入到项目设计过程中。这里教师可以采用班级教学组织形式。

2. 成立项目小组阶段的教学组织

项目发展团队通常会根据班级人数、项目难度、学生个体的实力等因素综合考虑成立项目小组的可能性。项目小组由专案领导分管，充当领导角色的学生，主要负责在教师的领导下编制项目小组内部发展规划，并完成任务分配、监督实施等工作。

这里形式上是小组教学，但实际上，为了培养项目组长的领导、组织、沟通能力、培养承担不同角色的项目组组员的能力，教师应采用个别教学组织形式，针对学生扮演的角色进行个别型教学指导。

3. 编项目计划书阶段的教学组织

教师提供一份项目开发计划书的样板，解释清楚项目实施的步骤，讲清楚计划书的编写原则及注意事项。

讲解项目计划书的编制，主要是讲解项目计划书的格式、内容、编制方法等。属于信息传递和知识学习，为了提高教学效率，这里教师应采用班级教学组织形式和讲授教学法。

4. 实施项目计划阶段的教学组织

项目实施阶段是项目教学法实施的核心环节。在此阶段教师要及时恰当地对学生进行指导，解决学生开发过程中遇到的难题，并督促学生按时按量完成项目计划书中的各个开发环节，以保证学生能够顺利地在计划内完成项目的开发，达到教学目标。

为了培养学生的团队意识、合作能力，教师不宜采用针对某个个别学生的个别教学组织形式，而可采用针对项目小组的个别教学组织形式，这一点与任务教学组织中完成任务阶段教学的组织形式是相悖的。

5. 项目评估总结阶段的教学组织

项目结束后要进行项目评估与汇总，一般采用小组讲解的方式展示项目开发结果。项目评估总结阶段的教学组织包括思想总结与技术小结，其中思维总结有助于指导学生明确思维模式，引导学生发现项目存在的理论缺陷。在技术小结环节，学生要对每个发展阶段遇到的问题进行解题思路的归纳，掌握更多实用技术，并充分汲取整体学习方案的精华。在教师评价环节，教师需要对比各项成绩，以便更好地了解并运用这些信息。教师应该合理安排学生进行课程观摩，向学生报告各项学习成绩。此外，教师还应当引导学生尝试完成课题扩展任务，对于将来出现的相似问题，可以考虑用类似的知识点进行解答。这里，无论是小组展示、学生的评价、教师的评价，还是项目总结都应采用班级教学组织形式。

（四）岗位教学的组织

岗位教学一般称作"岗位实训"，它是学生系统了解企业生产过程、理解企业生产制度、把握职业岗位职责、理解企业劳动制度、熟悉设备的功能与性能、掌握设备操作规程的有效手段。其过程一般包括明确岗位实训目标、系统理解职业岗位、履行岗位职责、形成良好的职业习惯。

1. 工作岛教学组织形式

在企业，选择一些典型工作岗位，由师傅、教师、学生组成工作小组，负责这个工作岗位的工作，这是职业教育岗位教学的一种组织形式——工作岛教学组织形式。

在这种教学组织形式中，师傅在教师和学生的辅助下完成工作任务；教师在师傅的帮助下完成教学任务；学生通过工作完成学习任务。学生进入工作岛学习的前提是学生已完成了技能学习、任务学习和项目学习，具备了上岗学习的能力。

2. 影子教学组织形式

在企业，挑选典型岗位的优秀工作人员，将学生安排到优秀工作人员身边，像他们的影子一样，通过协助做他们每天做的事情，学习他们的优秀职业特质。影子岗是培养高级技能型人才的一种十分有效的教学组织形式。

3. 学徒制教学组织形式

学生在学校注册成为学生，在企业注册成为企业的学徒。企业在生产过程中，安排师傅带自己的徒弟学习，为企业人力资源进行必要的储备。这种形式，在我国受到相关法律的制约，特别是中等职业学校的学生，一般年龄不满 18 岁。随着我国新学徒制试点的进行，这也将成为职业教育岗位教学的一种组织形式。

4. 工业中心教学组织形式

工业中心、实训车间、教学工厂等，都是通过建设一些车间，形成一些典型的工作岗位集中到一起，形成巨大的岗位教学资源。学生根据自己的时间安排和需要，经教授自己课程的教师同意后，到工业中心领取工装、工具、材料和必要的安全装备，到岗位自行进行训练。

四、职业教育教学模式

职业教育教学模式是一种相对固定的教学组织架构和活动流程，

这种模式是在特定的教育理念或教学理念引导下形成的。职业教育教学模式作为结构框架，强调从宏观层面把握整个教育过程及其各个环节的内在联系与作用。作为活动项目，职业教育教学模式强调课程设计的有序性与可操作性。

（一）教学模式概述

1. 教学模式的概念

"模式"一词是英文 model 的汉译名词，model 还译为"模型""范式""典型"等，一般是指被研究对象在理论上的逻辑框架，是经验与理论之间的一种可操作性的知识系统，是再现现实的一种理论性的简化结构。教学模式并不是一种计划，因为计划往往显得太具体，太具操作性，从而失去了理论色彩。将"模式"一词引入教学理论中，是想以此来说明在一定的教学思想或教学理论指导下建立起来的各种类型的教学活动的基本结构或框架，表现教学过程的程序性的策略体系。

2. 教学模式的结构

教学模式通常包括五个因素，这五个因素之间有规律联系的就是教学模式的结构。

（1）理论依据

教学模式是特定教育理念的体现，是在教育理论基础上形成的一种教育行为准则。教育理念的差异导致了教育方式的差异。其中，概念获取方式与先导结构的基本原理以认知心理学的学习原理为基础，而情境建构模型的基本原理认为，个体的自觉心理活动与潜意识心理活动、理性与情感活动的整合，是教学模式结构形成的理论依据。

（2）教学目标

在教学模式中，教学目标以教育目的为中心，影响着各种决定教学方式的因素，影响着教师的教学行为，影响着教师与学生之间的互动方式，是教师和学生开展双向评估的重要参考依据。因为教育方式和教育目的之间存在着强烈的内部一致性，因此决定教学方式的各种因素之间存在的差异，导致教学目标表现出不同的特点。不同的教学方式都是为了实现特定的教学目标而存在的。

（3）操作程序

每种教学模型都有特定的逻辑性和可操作性，明确教师在课堂上首先应该完成的教学任务，以及在各个教学环节应该完成的教学内容，对于确定教学模式的操作程序来说具有十分重要的现实意义。

（4）实现条件

实现条件是指教师、学生、教学内容、教学手段、教学环境、教学时间等多种影响因子相互作用而形成的外部环境，实现条件包含的各类因子是影响教学效果的重要因素。

（5）教学评价

教学评价是以不同的教育方式实现教学目标的特定评估方式和评估准则，利用不同的教育方式可以实现不同的教学目标，教学过程和情况不同，教学评估的方式和标准也会相应地发生变化。当前，国内流行的教学模式，只有少数教学模式建立起一系列较为完善的评估体系和评估指标，还有很多教学模式尚未形成独立的评估体系与评估准则。

3. 教学模式的特点

（1）指向性

教育方式的选择需要围绕特定的教学目标展开，并且必须具备相应的学习环境，没有一种适合所有教学模式的教育方式。在特定条件下，为了实现既定的教学目标，合理地选择教育方式，对于发挥教育方式的指导作用显得极为必要。

（2）操作性

教学模式是一种具体化、操作化的教育理念或理论，旨在将特定的教学理论或活动的中心环节以简洁的形式呈现出来，带给学生较为抽象的理论体系，并借此规范教师的教学行为，使教师能够更好地理解、掌握并运用教学方法为教学活动服务。

（3）完整性

教学模式是教育实践与教学理念有机结合的结果，具体表现为一整套体系和一系列操作需求，既有理论上的自我完善，又有程序上的不断更新，能够体现教学模式的内在价值。

（4）稳定性

教学模式是众多教育实务活动的重要总结，从某种意义上反映了教学活动所具有的普遍规定性。通常情况下，这种教学方式不会涉及特定的科目，该模式确定的程序可以形成通用参照，配合教育理念的落实与科学方法的指导，能够促进社会的发展与进步。教育方式往往与特定的社会政治、经济、科学、文化、教育水平有关，并受教育政策和教育目标的约束。从这个层面来说，教学模式的稳定性通常表现出相对而言的稳定存在状态。

（5）灵活性

灵活性是指教师选择的教学内容并不具体，而是在一定的教学环境中，既能反映教学设计理念的价值，也能在实际的教育活动中发挥特定的作用。在教学实践中，教师要充分认识到学科特点、教学内容、现有教学环境以及学生的特点，采取灵活的教学手段，以呈现出学科特点的积极适应性。

4. 教学模式的功能

（1）中介作用

教学模式的中介作用是指能够为学科教学提供理论基础的教学方法，这种方法可以帮助教师从单纯的体验和感受出发，在实际操作中构建新的教学方式。教学模式的中介功能既源自实际，同时也具备特定的理论单一性。一方面，教学方式源自实际，是对特定教育方式的优选、概括和加工，源自实际的教学方式，通过增进与其他要素的密切联系，可以形成较为稳固的运行架构。这种架构既具有内部的逻辑联系，又具有丰富的理论内涵。而教学模式则可以用简洁的符号、图式和各个元素之间的联系，阐释并体现基础教育原理的本质特点，从而促使学生经历具体的教学过程。教学模式使学生能够更好地了解教育原理，使教育理论发挥出切实的引导和应用效果。

（2）方法论意义

改革传统的教学方法是教学模式在方法论意义上的重要功能。在相当长的一段时间内，教师都习惯性地采用一成不变的思维模式，注重从整体的角度研究教学过程中的每个环节，而忽略了每个环节的相互关联和互动关系；或是习惯性地对各个环节之间的联系进行辨析和抽象化认识，使得教学行为缺乏实践性。教学方式研究引导教师从总体角度出发，全面探究教学过程中各个要素的互动与变化形式，以动态视角掌握教学过程的实质性规则，可以促使教学设计与教学过程研究更好地结合在一起。

（二）典型的教学模式

1. 范例教学模式

回顾历史，范例性原则也并非无源之水、无本之木。在古希腊和古罗马的教学模式中，原型原则是职业教育的基本标准。在现代哲学界和教育界，夸美纽斯、康德、胡塞尔等都提出了有关知识、道德、审美等方面的典范性理论。裴斯泰洛齐的"元素"学说与"原型"教育理念基本一致。然而，自从"原型教育论"在20世纪40年代诞生之后，范例教学模式逐渐表现出深厚的历史渊源。二战以后，由于科学技术的飞速发展，"知识爆炸"呈现出空前的发展态势，世界各地纷纷采用"做加法"的方式增加教学内容，开设"百科全书"，激发了学生的学习兴趣，提高了教师的教学水平。在这种情况下，世界各国纷纷探讨新课程教学理念的应用价值，以应对"知识爆炸"带来的各种挑战。

为了解决教材内容堆积臃肿、陈旧落后的弊端，1951年在德国蒂宾根召开的会议认为，精神世界的本源现象，是可以通过个别的由学生真正理解的事实的例子来加以说明的。此次会议充分肯定了范例教学的思想，为范例教学理论的发展和在实践中的运用奠定了基础。

（1）范例教学目标

范例教学目标和要求可以概括为"问题解决学习与系统学习的统一""掌握知识和培养能力的统一"和"主体与客体的统一"。

"问题解决学习与系统学习的统一"。一方面要求针对学生存在的或提出的问题组织教学，另一方面，这些问题是有系统的，通过解决问题习得系统的知识。所以，虽然这种教学从片段出发，但学生学习的知识却不是零碎的、孤立的，仍不失其系统性。

"学识与技能相结合"。学识与技能的统一性在于将知识的传递和能力的训练结合在一起，使知识的传播与科学方法的教育、学习方法的教育、能力的发展相结合。所谓"知识的把握与能力的结合"就是"形而上学与本质教育理论的结合"。克拉夫基指出，这种以学习和技能为主的教育理念，未能正确认识教育现象与教育进程的本质，必须将二者辩证地结合起来，抓住事物发展的本质与关键，促进教学活动顺利开展，克服偏见、走极端的现象，才能真正实现范例教学目标。因此，克拉夫基认为，教学发展具有两个方面的重要价值：一方面，教学以个人经历或他人体验为中心，以此形成既有意义又内涵丰富的思想体系；另一方面，学识与技能相结合又能培养学生的理论学习思维和动手实践能力。

"主体与目标有机对应"。"主体"是指"受教育的个体"，"目标"是指接受"教化"的"对象"。主体与目标的有机统一，要求教师必须熟悉并理解教学内容，能够把握学生理解知识内容的智力水平和层次基础，促使各种教学要素在职业教育中实现综合运用。

（2）范例教学内容

范例教学提倡从基本要素和典型事例中选择实例，由个别到一般，由具体到抽象，由认识到实践，掌握具有普适性的规律和原理。范例教学选择的范例通常可以解释事物的属性，需要借助大量的案件例证，发现与"个案"性质相符的事实和现象，从而揭示出范例的实质特点。"例证法"的原则是从"类"的众多案例中提炼出相应的规则，通过总结、归纳正确地表达原则的具体内容，明确法则的命名方法，掌握规律的运作原理。因此，要使学生掌握规律的方法学含义，必须指导学生理解规律的应用条件和运作原则。

因此，在教材选题方面，教师应该坚持"基本性""基础性""范例性"的"三种特性"。其中，"基本性"是指基本科学理论的传授，即基本概念、科学规律或知识构造的讲解；"基础性"是指教育内容能够与学生的生活实践相结合，能够与学生的智能发展程度相匹配，即教材内容是教师授课与学生学习必需的参考资料；"范例性"是指教导学生选择的、具有示范性的、能够帮助学生举一反三、在学习中可以自如运用的实例。这些范例应该呈现完整的镜像，帮助学生看清整个世界的运作规律。

（3）范例教学过程

范例教学的基本过程是：阐明"个"案→范例性阐明"类"案→

范例性地掌握规律原理→掌握规律原理的方法论意义→规律原理运用训练。施腾策尔提出了范例教学的四阶段构成：

①范例性地阐明"个"的阶段

这个阶段要求以典型事例来说明事物的特征。具体来讲，是学生通过具体的、特殊的、直观的"个"的范例，掌握事物的本质特征。

②范例性地阐明"类"的阶段

这个阶段通过上一阶段的认识，进行归类、推断、认识这一类事物的普遍特征。具体来讲，是将第一阶段里掌握的"个"，依据其本质特征，置于类型概念的逻辑范畴之中进行归类，对于在本质特征上相一致的许多个别现象做出总结。

③范例性地理解规律性的阶段

这个阶段要求通过前两个阶段所获得的认识，提高对规律性的认识。具体来讲，是将"个别"抽象为"类型"之后，找出隐藏在"类型"内部的某种本质性和规律性的内容。

④范例性地掌握一般经验阶段

这个阶段是在上述三个阶段教学的基础上，获得关于世界的经验、生活的经验。这个阶段的教学，目的在于使学生不仅认识了客观世界，也认识了自己，在自己思想感情上起了作用，提高行为的自觉性。

2. 抛锚式教学模式

抛锚式教学模式需要以事实或问题为依据。之所以将实际问题比作"抛锚"，是由于这些问题一经确认，便决定了全部的教学过程。这种教学模式的基本思想以建构论为依据。建构论主张，学生要想真正地了解所学内容的意义，也就是了解所学知识所反映的事物的性质、规律以及事物之间的相互关系，最好在实际生活中体验知识的价值，而不是单纯依靠教师的介绍、解释和讲解。

（1）抛锚式教学目标

在知识学习的基础上，运用抛锚式教学模式将教学方式与教学目标结合起来形成相对完整、真实的情境，让学生在协作学习与主动学习的氛围中，丰富学习经验，提高认识问题、思考问题、解决问题的能力。

（2）抛锚式教学内容

抛锚式教学的理论核心是，教学要求建立在有感染力的真实事件或真实问题的基础上。因此，抛锚式教学内容是典型的情景、事件或者问题。

（3）抛锚式教学过程

抛锚式教学要创设情境适时抛出问题，注意情境感染与熏陶作用。因此，抛锚式教学由这样几个环节组成：

①创设情境

教师选择典型的职业情境，使学习能在和企业生产经营实际情况基本一致或相类似的情境中发生。

②确定问题

在上述情境下，选择出与当前学习主题密切相关的真实性事件或问题作为学习的中心内容。选出的事件或问题就是"锚"，这一环节的作用就是"抛锚"。

③自主学习

不是由教师直接告诉学生应当如何去解决面临的问题，而是由教师向学生提供解决该问题的有关线索，并特别注意发展学生的自主学习能力。自主学习能力包括：确定学习内容表的能力（学习内容表是指为完成与给定问题有关的学习任务所需要的知识点清单）；获取有关信息与资料的能力（知道从何处获取以及如何去获取所需的信息与资料）；利用、评价有关信息与资料的能力。

④协作学习

通过小组，甚至班级的讨论、交流，通过不同观点的交锋，补充、修正、加深每个学生对当前问题的理解。

⑤效果评价

由于抛锚式教学的学习过程就是解决问题的过程，由该过程可以直接反映出学生的学习效果。因此，对这种教学效果的评价不需要进行独立于教学过程的专门测验，只需在学习过程中随时观察并记录学生的表现即可。

3. 探究式教学模式

探究式教学模式的理念可以从苏格拉底的教育理念中得到启发，而美国学者施瓦布则主张将探究学习理论应用于日常的教学活动中。问题型教学属于带有研究性质的教学方法，这种教学方法的本质是鼓励学生主动思考问题。在应用探究式教学模式的课堂上，教师不再是具有权威性的教学主导，而是致力于创造多种情景，使学生能够自主提出问题、发现问题并解决问题。在教学活动中，教师和学生通过协作学习可以有效地解决问题。学习活动结束后，学生需要公开展示探究成果。探究式教学模式是一种将知识传授、能力培养和素质提高有机结合起来的新型教育方式，能够有效克服学生面临的学业限制和知识无限增长的困境，能够从根本上帮助学生实现思想创新与全面发展。

（1）探究式教学目标

探究式教学是一种费时的教学，但如果我们的目标是培养学生能创造性地解决问题和发现理论，那么这是我们所拥有的唯一方法。探究式教学以问题解决为中心，注重学生的独立活动，着眼于学生的思维能力、民主与合作的精神、自主学习能力的培养。探究式教学是建构在小组合作学习的基础之上，以师生互动交流为基本动力，以自主、问题、沟通为基本特征，以高效、愉悦、人道为基本品质，以全面提升学生学业成绩和综合素质为根本目标。

（2）探究式教学内容

探究式教学的载体与核心是问题，学习活动是围绕问题展开的。探究式教学的出发点是设定需要解答的问题，这是进一步探究的起点。

（3）探究式教学过程

依据皮亚杰和布鲁纳的建构主义理论，注重学生的前认知，注重体验式教学，培养学生的探究和思维能力。教学的基本程序是：问题—假设—推理—验证—总结提高。首先创设一定的问题情境提出问题，建立一个民主宽容的教学环境，尊重学生的主体性；然后组织学生对问题进行猜想和做假设性的解释，对那些打破常规的学生予以一定的鼓励，不要轻易地对学生说对或错，教师要以引导为主，切不可轻易告知学生探究的结果，充分发挥学生的思维能力；再设计实验进行验证；最后总结规律。

4. 掌握学习教学模式

二战以后，随着科技和经济的大发展，世界各国的教育事业也获得了大规模的发展。但是各种各样的问题也随之而来，"差生"问题便是困扰各国教育的问题之一。而同一问题在20世纪60年代的美国表现得尤为突出。美国1958年颁布了《国防教育法》，开始了大规模的教育改革，其目的在于促进学生的智力发展，培养具有高水平科研能力和掌握尖端科学技术的精英人才，以应对来自苏联"人造卫星"的挑战，保持美国的霸主地位。20世纪60年代，以布鲁纳学科结构课程理论为指导的中小学课程改革，由于片面强调课程的深度和难度，致使教材深奥难懂，不能为广大学生所接受；教材内容过于抽象，脱离生活实际，学生因缺乏学习兴趣，厌学的情绪普遍存在。而直接后果，就是导致了学校大批"差生"的出现，这是与社会和经济发展的要求相背离的。

第一章 宏观视角下的职业教育

美国心理学家兼教育学家布卢姆曾建议，如果持续学习时间足够长久，那么所有的学生都可以在实现教学目标的同时提高自身的学习能力。布卢姆认为，掌握了有效的学习方法可以顺利完成各项学习任务。按照掌握学习教学模式的基本原理，当学生在完成一门课程的过程中，为了避免"遭遇失败"，可以接受教师的严厉教育。因此，在小组教学中，教师需要及时提供反馈信息，并为学生提供个性化辅导，使学生能够充分掌握课堂学习知识，克服自身的学习效能弊端，实现教学效果的普遍优化、提升与改善。

（1）掌握学习教学目标

掌握学习教学模式的提出是与布卢姆的"教育目标分类学"联系在一起的，布卢姆把教育目标分为认知、情感和动作技能三大领域。认知领域的教育目标分成六大类，分别为识记、理解、应用、分析、综合、评价；情感领域目标分为五大类，即接受、反应、价值评价、组织、由价值或价值复合体形成的性格化。技能领域目标分为七大类，即知觉、定势、指导下的反应、机制、复杂的外显反应、适应、创作。教学目的必须让学习者明确，学习者必须清楚地理解教学目标即学习任务。

（2）掌握学习教学内容

掌握学习的教学内容，依据学习目标分类，分为各领域的知识、情感和技能。知识是人类经验的固化，来自社会实践。掌握学习教学内容的基本形式是体验性的认识，较高层次的形式则是系统化的科学。从获取途径上可以分为知识的直接获取和间接获取两种；根据知识的种类可以分为自然科学知识、社会科学知识和思想科学知识三大类。哲学是对自然、社会、思维等方面的认识和归纳。科学知识获取的过程是对哲学思考成果的升华。情绪是个体情感的综合表现，是学生心态的重要组成部分，与情绪的内在感受、意向的发展具有协调一致性，是一种较为复杂并且平稳的生理学指标。技能是通过练习获得的能够完成一定任务的动作系统，包括心智技能和动作技能。

（3）掌握学习教学过程

首先，师生要相信掌握学习教学过程的效果。其次，教师为了实时掌握学生的学习情况，必须准确界定学生的知识学习边界，指导学生明确把握学习对象，并编写一套能够体现教学效果的试卷。最后，教师要制订教学计划，在符合教学要求的前提下，确定教学单元的讲解顺序、单元教学内容、测验与反馈信息的纠正情况等。实施掌握学习教学模式的一般步骤为：

为掌握学习确定目标。布卢姆认为，教学是按预期的教学目标改变学习者行为的过程。因此，掌握学习教学的第一步是使学生掌握定标、定向。定向，首先是让学生明确当前"学习什么"以及"怎样学习"，达到"什么程度"。其次是不断地鼓励学生，帮助他们树立学习的自信心并激发学习动机。

为掌握学习反馈矫正。教师依据教学目标和学生的基础状况进行互为衔接的各个单元（一般是教材的一章、一专题）教学。每授完一教学单元，即用20—30分钟时间进行诊断测验（形成性评价）。诊断学生学习上存在的缺陷或发现学生的学习进步状况，为师生及时提供教与学的反馈信息。通常由学生自己批阅测验试卷。如果学生能掌握80%—90%的测验内容，便达到本单元的掌握学习水平。如果学生的成绩低于所规定的掌握水平，就应当重新学习这个单元的部分或全部，然后再测验，直到掌握。掌握学习教学法设置系统的反馈—矫正程序，目的是让绝大多数学生达到掌握学习水平。

为掌握学习分等第。掌握学习教学在每一学科各单元的循环往复的形成性评价基础上，于学期结束时进行总结性考试（总结性评价），以分出学生掌握学习的程度等。评定学习等第以成功地完成各单元学习而不是以在团体测验中的等第为依据，且给达到既定目标的所有学生评定相应的等级。由此可见，该总结性考试和分等的目的在于——使学生最终达到掌握学习水平，并受到鼓励而继续进行掌握学习。

第二章　中高本教育的分段解析

第一节　中等职业教育解析

一、中等职业教育培养目标变迁

新中国成立以来，中等职业教育培养目标随着社会需求和人们对其认识的不断深化而改变。纵观历史，大致可以分为多目标阶段、中等专门人才阶段和技能型人才阶段三个时期。

（一）突出政治的中级管理和技术人才培养目标

中等职业教育主要包括中等专业学校、技工学校和职业中学，此阶段三类学校的培养目标定位各有侧重。新中国成立初期，国民经济百废待兴，新中国建设的各行各业都需要具有一定领导能力的管理人员和技术人才等。1949年12月召开的第一次全国教育工作会议，明确了新中国教育工作的目的，即"为人民服务，首先为工农服务，为当前的革命斗争与建设服务"。并指出："为了培养大批中初级建设干部，中等职业学校今后若干年内应着重向中等技术学校发展。"1950年，教育部部长在向政务院的报告中提出:"中等教育重点是整顿和发展中等技术学校,大量培养中级技术干部。"1951年6月,教育部召开了全国中等技术教育会议,会议把中等技术教育的基本任务定为培养大批具有一般文化科学的基本知识,掌握现代技术,体格健康,全心全意地为人民服务的初中级技术人才。[①]同年10月,政务院公布的《关于改革学制的规定》,规定了中等技术学校的任务是培养工业、农业、交通、运输等方面的中级和初级技术人才。1952年3月,政务院发出《关于整顿和发展中等技术教育的指示》,指出:"培养技术人才是国家经济建设的必要条件,而大量地训练和培养中级和初级人才尤为当务之急。""积极整顿与发展中等技术教育以解决国家建设所迫切需要的中级和初级技术干部问题。"同年8月,教育部颁布《中等技术学校暂行实施办法》,规定了中等技术学校的培养目标是以理论和实际一致的教育方法,培养具备必要的文化科学的基本知识,掌握一定的现代技术,身体健康,全心全意为人民服务的初级和中级技术人才。1953年,我国开始实行第一个五年计划,国民经济开始实行计划经济体制,国家作为社会资源配置的基础,整个社会资源由国民经济各部门进行配置。1954年9月26日政务院发布的《关于改进中等专业教育的决定》中指出,根据国家在过渡时期的总任务和第一个五年计划的基本任务,中等专业教育的任务在于有计划地培养中等专业干部,以保证国家经济发展的需要。同年11月教育部制定《中等专业学校章程》进一步明确规定"中等专业学校的任务,在于培养具有马克思列宁主义基本知识,普通教育的文化水平和基础技术知识,并能掌握一定专业、身体健康、全心全意为社会主义建设服务的中等专业干部",取代了新中国成立初提出的培养初、中级技术人才的培养目标。并规

[①] 方展画,刘辉,傅雪凌.知识和技能——中国职业教育60年[M].杭州:浙江大学出版社,2009:47.

第二章 中高本教育的分段解析

定学生毕业后由主管业务部门统一分配工作。1955年7月，第一届全国人大二次会议通过的《发展国民经济第一个五年计划》中指出："中等专业教育的重点是培养工业的技术干部和管理干部，同时，适应农业合作化运动的迅速发展，注意培养农业的技术干部和管理干部。"指出了培养去向是以工业为主兼顾农业的技术和管理干部。

1956年，我国生产资料所有制的社会主义改造基本完成后，全面转入大规模的社会主义建设时期。为了使教育事业适应大规模社会主义建设对人才的急需，需要重新构建社会主义教育的蓝图，明确我国社会主义教育方针。为了加强教育与政治经济的联系，中共中央、国务院于1958年9月发出的《关于教育工作的指示》中明确提出："党的教育工作方针，是教育为无产阶级政治服务，教育与生产劳动相结合。"在以后的人才培养目标中充分体现了党的新时期教育方针。1963年6月，教育部印发了《关于制定全日制中等专业学校教学计划的规定（草案）》，指出中等专业学校的培养目标是："具有爱国主义和国际主义精神，具有共产主义道德品质，拥护社会主义，愿意为社会主义服务；逐步培养学生的工人阶级的阶级观点、群众观点、辩证唯物主义观点，具有相当高中程度和中等专业人才必需的文化基础知识，掌握本专业的基本理论、专业知识和实际技能，获得从事本专业工作，解决实际问题初步能力。工科、农科、林科专业要求学生具有组织管理生产的初步知识，具有健康的体质。"

1958年，教育部第四次全国教育行政会议上提出大力举办各类职业中学，招生对象为高小毕业生（小学6年级），各地大力举办农业中学和职业中学。1964年后，职业学校主要面向农村，有计划地培养各种初级技术工人和各类初级业务人员。由于其培养对象是高小毕业生，故其培养目标定位在"初级"。

我国的技工学校始建于1949年的东北地区，当时的名称是"工人技术学校"。1953年开始执行的《发展国民经济的第一个五年计划》

中规定:"工人技术学校是培养熟练工人的主要方式之一。"1954年的《技工学校暂行办法(草案)》规定:"技工学校以培养四、五级技工为主。"1956年,劳动部颁发《工人技术学校标准章程(草案)》进一步规定,"工人技术学校的任务是:培养能掌握一定专业的现代技术操作技能和基础技术理论知识的、身体健康的、全心全意为社会主义服务的中级技术工人","工人技术学校培养的目标为四级和五级技术工人"。1958年3月,全国技工学校工作会议提出技工学校的培训目标:具有社会主义觉悟、必要的技术理论知识、全面的专业操作技能和身体健康的新的熟练技术工人。1959年4月,全国技工学校工作会议提出技工学校的培养目标:具有社会主义觉悟、较系统的文化与技术理论知识、较全面的专业操作技能和身体健康的熟练技术工人。在思想政治方面,要培养学生的工人阶级的阶级观点、群众观点和集体观点、劳动观点即脑力劳动与体力劳动结合的观点、辩证唯物主义的观点。具体来说,在文化方面,为了适应"文化大革命"和十五年左右普及高等教育的要求,招收的高校毕业学生,在主要文化课程上(语文、数学、理化),毕业时应该基本达到初中毕业程度;招收的初中毕业学生,在主要文化课程上(数学、理化)毕业时应该接近高中毕业程度。在技术理论知识方面,首先要与学生所学的专业技能相适应,并且要有助于技术水平的进一步提高。在操作技能方面,要培养学生能够掌握本专业的全面操作技能,达到中级技术工人的熟练程度,并根据精一兼数的多面手的要求,熟悉同本专业直接有关的几种其他专业操作技术。[①]

1961年3月,劳动部下文:"为了便于工作和便于分别学校的性质起见,凡以培养技术工人为主的学校,均称为技工学校。"此后,

[①] 袁耀华. 关于技工学校工作中几个主要问题的意见[J]. 中国劳动,1959(10):14-20.

全国工人技术学校统称为"技工学校"。同年5月,劳动部颁发《技工学校通则》规定:"技工学校是培养具有社会主义觉悟、中级技术水平和中等文化程度的技术工人的学校。"不仅规定了培养的技术工人是中等技术水平,还对文化程度提出了要求。

20世纪五六十年代我国三类教育的培养目标初步得以明确。从中等职业教育三类学校培养目标的异同来看。三类学校都体现了职业教育的特点,注重操作技能的培养,不同的地方主要体现在文化目标上。技工学校和职业学校对操作技能以外的文化要求较低,尤其是技工学校。正如劳动部马文瑞部长所说,技工学校"是专门培养技工的场所",其最初对普通文化知识并不作要求,培养目标简化成对工种级别的要求(如前所述)。后来加上了对操作技能的学习有帮助的"主要文化课"(数学、理化),也只要求高小和初中毕业生两类招生对象分别"'基本达到'初中毕业程度"和"'接近'高中毕业程度"。[①]字里行间都流露出技工学校对文化课的"低要求"。1963年教育部发布《关于制定全日制中等专业学校教学计划的规定(草案)》要求中专学校培养目标要"具有相当高中程度和中等专业人才所必需的文化基础知识",可见,要求比技工学校高;相反,它在技能操作方面没有技工学校的要求高,而更注重知识的全面性和通用性,这跟其培养目标的定位不无关系。

职业中学要求所培养的劳动者要"有文化",但也仅仅是"有文化"而已,未以文件或政策等的正式形式将此要求具体化,仅1959年陆定一在给江苏省委宣传部庆祝农业中学创办一周年的复信中说道:"文化课程应当是初中的最基本课程。"这种说法在力度上较中等专业学校弱了一些。

[①] 袁耀华. 关于技工学校工作中几个主要问题的意见[J]. 中国劳动, 1959(10): 14-20.

这一时期，中等职业教育的人才培养目标有以下几个特点：坚持为无产阶级政治服务；坚持教育与生产劳动相结合；重视实践技能培养；要求德智体全面发展。

（二）突出多重要求的中等专门人才目标阶段

十一届三中全会确立了以经济建设为中心，实行经济体制改革和对外开放的方针政策，我国经济社会充满了无限活力。与经济联系最为紧密的职业教育由此受到了前所未有的重视，中等职业教育培养目标转向为社会主义经济建设服务。

1979年6月18日，教育部为规范、管理中等专业学校，拟定了《全日制中等专业学校工作条例(征求意见稿)》，广泛听取意见。《条例》(征求意见稿)中提出，中等专业学校的基本任务"是培养社会主义革命和社会主义建设所需要的各种中等专业人才"，中专学生的培养目标是"具有相当高中文化程度，并在此基础上掌握本专业现代化生产所需要的基础理论、专业知识和实际技能，培养分析和解决问题的能力，具有健全的体魄"。

1980年《国务院批转教育部全国中等专业教育工作会议纪要的通知》中指出："我国的四化建设不仅需要大量高级专业人才，也需要数量更多的中等专业人才，以提高职工队伍中技术、管理人才的比重，使中等和高级专业人才保持合理的比例"，"新时期中专教育的任务就是多办和办好中等专业学校，培养德智体全面发展、又红又专的中等专业人才。必须坚持中专学生的培养目标，用现代化生产所需的基础理论、专业知识和实际技能武装他们，使他们的基础知识厚一些，专业面宽一些，实际技能好一些，适应性强一些"，《纪要》中指出，"中等专业学校在相当高中文化程度的基础上进行专业技术教育"，"是介于高中与大学之间的一种学校"。

第二章 中高本教育的分段解析

1985年《中共中央关于教育体制改革的决定》将调整中等教育结构、大力发展职业技术教育作为我国教育体制改革的一个重点。为了落实《中共中央关于教育体制改革的决定》精神。各类中等职业学校对其培养目标几经修改,并在这一阶段形成了较稳定的和更加详细的表述。1986年4月12日,国家教委颁发了《关于制定和修订全日制普通中等专业学校(四年制)教学计划的意见》,提出中等专业学校的培养目标是:"德智体美全面发展,牢固掌握必需的文化科学基础知识和专业知识,有较强实践能力的中等专门人才。""应该在相当高中以及中等专门人才必备的文化知识的基础上掌握本专业必需的基础知识、基本理论和基本技能,具有运用所学知识分析和解决问题的能力、一定的自学能力、获取信息的能力,具有初步的经营管理和组织管理的能力,了解电子计算机在本专业的实际运用并有初步的应用能力,学好一门外语,为毕业后应用打下基础……"

1990年12月31日,国家教委颁发《关于制订职业高级中学(三年制)教学计划的意见》规定职业高级中学的培养目标是:"具有实事求是、勤于思考、勇于创造的科学精神;具有良好的职业道德、职业意识、职业纪律、职业习惯、忠于职守的敬业精神;掌握直接从事某一专业、工种必需的文化基础知识和素养、专业技术知识和操作技能;有健康的体魄;当然,四有(有理想、有文化、有道德、有纪律)、两热爱(热爱社会主义祖国、热爱社会主义事业)、一精神(为社会主义四化建设和国家富强而奋斗的献身精神)是都要求的"。此外,技工学校和职业高中对文化目标进行了调整,分别要求"主要文化课程要提高到高中水平"和"与本专业有关的文化课,要具有相当于普通高中的水平"。

对以上培养目标进行分析可以看出,这一时期中等职业教育人才培养目标体现出三个特点:其一,强调专业能力的培养。职业教育发展到此阶段,除专业知识本身外,也要求相应的纪律、合作、敬业等基本的职业操守;其二,在基本文化素质方面,三类学校都要求文化或主要文化课程到高中水平；其三，培养规格上达到中级专门人才，即培养"中等专业人才"或"中等技术人才"；其四，在能力上要求"具有一定的分析和解决问题的能力"。

（三）突出综合职业能力的技能型人才培养目标

世纪之交，我国处在建立和完善社会主义市场经济体制和实现现代化建设战略目标的关键时期。1998年2月，国家教委发布《面向21世纪职业教育教学改革的原则意见》，提出："职业教育要培养同21世纪我国社会主义现代化建设要求相适应的，具备综合职业能力和全面素质的，直接在生产、服务、技术和管理第一线工作的应用型人才。"首次提出培养学生的综合职业能力。

2003年12月，教育部等六部委下发的《关于实施职业院校制造业和现代服务业技能型紧缺人才培养培训工程的通知》中指出：进一步引导职业院校从劳动力市场的实际需要出发，坚持正确的办学指导思想，坚持以就业为导向，以全面素质为基础，以能力为本位，帮助学生形成健康的劳动态度、良好的职业道德和正确的价值观，要把提高学生的职业能力放在突出的位置，加强实践教学，努力造就制造业和现代服务业一线迫切需要的高素质技能型人才。2004年2月，教育部《2003—2007年教育振兴行动计划》中指出：大力发展职业教育，大量培养高素质的技能型人才特别是高技能人才。把中等职业教育人才培养目标定位于技能型人才。

2005年国务院颁布了《关于大力发展职业教育的决定》中指出："以服务社会主义现代化建设为宗旨，培养数以亿计的高素质劳动者和数以千万计的高技能专门人才。"为了落实国务院的《决定》精神，2009年，教育部在印发的《关于制定中等职业学校教学计划的原则意见》中指出：中等职业学校培养与我国社会主义现代化建设要求相适应，德、智、体、美全面发展，具有综合职业能力，在生产、服务一线工作的高素质劳动者和技能型人才。他们应当热爱社会主义祖国，能够将实现自身价值与服务祖国人民结合起来；具有基本的科学文化素养、继续学习的能力和创新精神；具有良好的职业道德，掌握必要的文化基础知识、专业知识和比较熟练的职业技能，具有较强的就业能力和一定的创业能力；具有健康的身体和心理；具有基本的欣赏美和创造美的能力。对综合职业能力进行了说明，提出了要具有"较强的就业能力和一定的创业能力"。

这一阶段中等职业教育培养目标有四个特点：一是明确提出培养的学生具有综合职业能力。二是从中初级专门人才发展为技能型人才。三是掌握必要的文化基础知识。四是注重学生的全面和可持续发展能力的培养。中等职业教育人才培养目标更加有限、具体、明确，即文化教育的有限性，能力培养的综合性，人才规格为技能型。

二、我国现阶段中等职业教育人才培养模式

改革开放以来，我国的中等职业教育取得了快速发展，职业高中、中专和中技成为主要办学方式，人才培养模式也发生了重大变化。

改革开放以来，国家和政府重建和恢复了中等职业教育，并在一定时期内取得了良好的成果。在借鉴和学习国外中等职业人才培养模式的基础上不断创新，形成了多样的人才培养模式。目前以"五阶段培养模式、工学结合培养模式、'订单式'培养模式和以就业为导向的培养模式"四种模式为主。

（一）五阶段培养模式

1. 五阶段培养模式的内涵

五阶段人才培养模式分为五个实施阶段（表2-1）：市场调查与

分析、职业能力分析、教学环境的开发、教学的实施、教学管理与评价；通过这五个阶段理论与实践的相互配合，完成人才培养的最终目标。

表 2-1 五段式培养模式的内涵

阶段	目标	实施内容
第一阶段	市场调查确定专业培养方案	市场调查分析需要对当地人才市场需求进行调研和分析，了解清楚当地的相关政策，为开设相关专业奠定信息数据基础。根据调查出来的数据分析市场对人才的需求，继而对专业开办可行性进行预估并确定专业培养方案
第二阶段	通过评估确定岗位及职业能力	根据以能力为本的职业教育原则对相关职业进行评估和分析，确定好专项职业技能的培养目标和人员素质水平。从各个领域聘请优秀的一线工作者，确定职业和岗位所需的能力和技能，形成一份职业能力图表
第三阶段	设计、开发教学环境和教学大纲	教学环境的开发包含硬件环境和软件环境，硬件环境开发包括教室设计；实训、实验场所设计；资料室设计；实训基地建立等进行分析、规划和设计；软件环境开发则包括由教学环境开发人员、各行业专家和教师组成的团队，对于技能分析、技能组合分析、教学进程计划和技能整合学习指导书等内容的设定
第四阶段	实施教学过程	实施教学任务并进行教务管理。入学时就对学生的学业水平进行测试，根据测试结果制订学习计划，教学过程中辅导学生完成计划，最后通过考核进行评定
第五阶段	进行教学评价	建立标准化、规范化和制度化的教学评价体系，包括学生培训目标评价、教学环境评价、教学过程评价、教师评价和教学评价等，从而保证培养模式的顺利运行以及提高改进机制的周期性运行

2. 五阶段培养模式的特点

（1）以市场需求为导向，根据社会对人才需求的变化调整职业技术教育的专业设置。

（2）以培养学生能力为中心，同时并重综合素质和职业能力的提高。

（3）具有较强的实用性和系统性。

（4）具有完善的教学评价体系，使其培养模式可以不断进行改进。

（二）工学结合培养模式

1. 工学结合培养模式的内涵

我国中等职业教育的工学结合培养模式是在借鉴德国双元制的基础上逐渐形成的，该模式通过学校与企业分工协作，把理论教学和技能实践教学两阶段的任务分别划分给学校和企业，将理论与实践紧密结合，由学校、企业合作培养应用型技术人才。

由于中等职业院校发展与当地区域经济发展以及企业发展变迁挂钩，故在几十年的探索过程中，许多中等职业学校将自身实际情况与企业发展相结合，形成了具有中国特色的培养模式，主要通过以下几种方式来实现：

（1）在校办企业中进行学生培养。

（2）前期理论学习在学校进行，后期生产性实习在合作企业中完成。

（3）校办企业或引进企业入驻学校开设生产性实习工厂。

（4）实行毕业证与职业技能资格证双证制，引入职业资格培训和职业技能鉴定体系，让学生毕业即可获得社会认同。

（5）将人才培养纳入学校自主开发的实用型技术项目中去，从项目开发到理论研究学习再到技术应用推广,形成人才培养的完美过渡,同时可以进一步提高中等职业院校科研能力。

2. 工学结合培养模式的特征

(1)此种培养模式由学校和企业协同完成,校企共同制定培养方案和教学计划,把学校学习的理论知识与企业工作的实践结合起来,培养流程较为完整。

(2)学校和企业协作培养,既可以加强沟通交流使双方紧密联系,也可以使学校对社会的人才需求更加敏感,适时调整培养目标和培养内容。

(3)在课堂上学生进行了理论学习,又在现场掌握了生产技术,积累了工作经验,学生毕业后在市场上竞争力更强。

(三)"订单式"培养模式

1. "订单式"培养模式的内涵

"订单式"培养模式是指学校与用人单位充分协商,根据用人单位的需求共同确定培养目标,签订培养人才以及聘用人才的"订单",制订并实施教学计划,是一种定向培养人才的教育模式,学校与用人单位之间形成一种委托培养的关系。其中需要明确的是委托双方的职责:学校保证按照用人单位需求培养学生,使之学以致用;学生经过学校和用人单位考核合格后,被予以录用,用其所学。

"订单式"培养模式的建立可以让学校与企业双方建立相互信任、紧密的合作关系。这种合作关系,对学校来说,为职业教育在一定程度上注入了活力,不会停滞不前,转变了人才培养观念,提高了学生的就业率;对企业来说,让企业与职业教育院校直接接触,不仅可以聘用到高素质的职业技术人才,而且省去了职前培训环节,节约了人

第二章　中高本教育的分段解析◎

力成本；对学生来说，可以明确就业目标，针对性强，少走弯路，能集中时间、精力，有目的、有计划地锻炼成为企业所需的人才。

2. "订单式"培养模式的特征

（1）"订单式"培养模式由学校、用人单位、学生三方共同构成，缺少任何一方则该模式就不能成立，在三方签订专项人才订单时就要明确学校、企业双方的责任与义务。

（2）学校在按照企业的要求培养出合格人才后，企业必须与学校签订录用合同，而且企业必须参与到人才培养的过程中去，确保学校培养的人才能适应市场发展以及社会需求，不会造成培养方向偏离。

（3）学校和企业双方能够相互合作整合资源，企业将先进的管理理念和方法运用到学生培养模式中，学校也可以充分利用企业的资源提高自身办学能力。

（4）"订单式"的人才培养最终是为企业服务，所以企业会参与到学校人才考核中，培养的最终结果由企业定夺，对于考核合格的学生，学校会依据协议安排工作岗位。

（四）以就业为导向的培养模式

1. 以就业为导向的人才培养模式内涵

培养的学生能够毕业并顺利就业是中等职业教育的终极目标，因此提高学生的就业率一直是中等职业学校人才培养过程的关键所在。中等职业教育培养模式必须建立在市场需求和市场价值的基础上，不断提高中等职业学生就业率和就业质量，才能够以技能和实用性在诸多培养模式中取胜。

2. 以就业为导向的人才培养模式特点

专业设置必须结合当地社会的经济发展，只有进行细致深入的调查才能建立起符合市场需求的专业群，因为产业结构的不断变化时刻影响着人才需求。

课程设置要满足就业导向，学校根据相关职业对劳动者的素质要求，挑选出必要的知识、技能，并根据教学规律组织起来以形成适合的课程体系。在课程开发的过程中，使企业、行业成为课程开发的重要参与方，将课程目标与就业目标相统一，可以让学生顺利从课堂走向工作岗位。

以就业为导向的人才培养模式，可以让中等职业学校加强职业能力训练的实训基地建设，对中等职业学生的技能有针对性地强化，以适应工作岗位的变化。

第二节 高等职业教育解析

一、新时代高等职业教育发展的新特征

新时代社会主要矛盾的转化，对我国高等职业教育发展提出了新要求。就高等职业教育领域来说，面临的主要矛盾可概括为"求学者日益增长的美好生活需要与高等职业教育发展不平衡、供给不充分之间的矛盾"[①]。这个新的主要矛盾，是判断高等职业教育进入新时代的

---

① 覃川.破解不平衡不充分，高职院校怎么做[N].光明日报，2017-11-02.

第二章　中高本教育的分段解析

科学依据，也是新时代高等职业教育的重要特征。全面、准确领会这个新的判断，是深刻认识高等职业教育进入新时代的逻辑前提。

从人民日益增长的需要看新时代特征，接受优质高等职业教育是美好生活的关键要素。我国高等职业教育经过多年的建设和发展，从小到大，取得了历史性进步，人才培养质量稳步提升。但是，我们应该清醒地看到，高等职业教育在满足学生全面发展、个性发展方面，满足学生对美好生活的向往方面仍有一定的差距，存在发展不平衡、发展不充分的问题。进入新时代，高等职业教育必须拧紧内涵式发展这根弦，不断提高人才培养供给质量，实现由高等职业教育大国向高等职业教育强国转变，建设中国特色、中国质量、中国品牌的高等职业教育，满足广大人民对高等职业教育发展的新期待。

从经济社会发展的维度看新时代特征，"中国制造2025""互联网+""供给侧结构性改革""大众创业万众创新""产业结构转型升级"等，都需要发展方式、生产过程、产业结构、驱动要素等方面的深刻变革。但我国高等职业教育在适应新兴产业要求、服务地方产业发展、人才供给质量等方面既不平衡，也不充分。要改变当前的发展格局，实现上述要素的创新，最根本、最核心的要素是人才，人才培养体系改革是新时代最前端、最关键的供给侧改革。直面要素变革，高等职业教育必须转变育人观念，突破以专业知识体系为基础进行人才培养的模式，完善职业教育和培训体系，深化产教融合、校企合作。强化跨界培养能力，构建产教深度融合的高等职业教育人才培养体系。

从职业教育的类型维度看新时代特征，我国高等职业教育的发展规模世界第一，但发展质量与人民的期待仍然有很大的差距，专业发展、课程建设、教学改革等方面发展不平衡、不充分的矛盾仍很突出。因此，高等职业教育必须全面把握"人民需求"和"以学生为中心"的精神要义和科学内涵，不断深化人才培养的供给侧结构性改革，优化存量资源配置，扩大优质增量供给，提高专业、课程、教学等育人资源的供给质量，实现供给与需求的动态平衡。

二、新时代高等职业教育发展的新使命

（一）立德树人是高等职业教育必须坚持的根本宗旨

高等职业教育强调突出学生的中心地位，办学宗旨是立德树人。与立德树人有关的要素主要有三个，分别是政治信仰、责任担当以及道德取向。这三个要素决定了学生的人生观、价值观以及世界观的形成，也是高等职业教育人才道德培养的重要内容。在这三大要素中，起决定作用的是价值观。价值观培养的目的是推动学生形成正确的价值意识，让学生以报国爱家为己任。

政治信仰是指人的意识领域所认可的价值观念以及政治主张，在一定程度上影响了一个人的成长轨迹。目前，高校教育普遍存在的一个问题就是过度关注知识传授与技能培养，忽略了政治信仰教育，导致学生普遍掌握知识技术，但是缺失信仰。高职院校作为高等院校的重要组成部分，在培养创新型人才、技术型人才的过程中，要对学生进行信仰教育，避免学生成长为只有知识而没有人生信仰的人。高校应该同时注重知识教育和道德教育，应该通过科学的道德教育引导学生形成马克思主义信仰，引导学生坚定地走中国特色社会主义道路。对学生进行政治信仰教育，能够用正确的思想武装学生的头脑，用正确的思想引领学生走正确的道路，也能有效加强学生的精神自信。

对高职院校学生价值观进行分析可以发现，他们对社会的认知总体是积极的、正确的，但是对某些容易混淆的概念没有特别清晰的认知，在某些情况下容易做出错误判断。与此同时，也有一些学生存在道德观念冷漠的情况。高职院校需要正确看待这些问题，在开展职业教育的过程中进行合理的创新与改革，选择适合的教育方法。创新可以运

用课程和社会调查相结合的方式，也可以利用实际典型案例和道德专题教育相结合的方式。无论哪种方式都在强调理论教育和实践教育的结合，都致力于向学生传递传统的优秀的中华美德，都致力于引导学生形成更强的问题分析能力，让学生具备最基本的判断能力。通过有效的创新，道德教育可以在培养学生"为善去恶"方面发挥重要作用。道德文化也可以在人才成长过程中为学生提供有效支持，助力学生更好地成长为技术人才。

分析中国历史发展规律可以发现，中华文化一直强调责任与担当。在新时代，高职院校也需要培养学生的责任感。具体来讲，培养方式有以下两种：首先，设立课程，从理论角度出发使用学生喜爱的方法，让学生学习中华民族优秀文化，将责任担当、价值观念传递给学生，引导学生理解和接受，让学生了解责任担当的真正内涵，进而在日常生活中自觉践行。其次，为学生树立责任担当典型，让大学生从真实的人、真实的事中感受责任与担当，形成对责任的认同感，主动承担起对自己的责任、对他人的责任、对国家的责任。

（二）质量第一是高等职业教育必须秉持的办学目标

就高等职业教育而言，以人才培养供给质量为突破口，从过去追求发展规模转向追求发展质量，优化高等职业教育存量资源，创新高等职业教育增量资源，不断扩大接受优质高等职业教育的机会，实现高等职业教育公平发展、高质量发展。

高等职业教育需要面向所有的社会公众。东部地区、西部地区的高等职业教育应该展开更深层次的合作，使这两个地区在职业教育发展方面的差距不断缩小。与此同时，贫困地区、民族地区应该扩大高等职业教育的招生规模，创新智力支教的相关政策，大力促进高等职业教育公平，实现基本公共教育服务均等化，推动高等职业教育优质均衡发展。

高等职业教育发展必须始终以学生发展、教师成长为核心，必须考虑学生对教育发展的需求，必须以学生的成长为基本前提，关注学生的个性发展，为学生提供个性化的教学服务。教师发展是高等职业教育发展的第一要务。教育大计，教师为本。要制定教师发展的相关政策措施，识才、爱才、用才、容才、聚才，吸引优秀人才到高等职业教育从教，培养更优秀的学生，实现教有良师、学生德智体美全面发展的办学目标。

三、新时代高等职业教育发展的新要求

新时代高等职业教育发展的新要求，概括而言就是要做好、写实三篇大文章：一是做强高等职业教育师资，二是做精高等职业教育品牌，三是做深高等职业教育跨界文化。

（一）做强高等职业教育师资

进入新时代，教师主体出现了一些新的趋势，需要我们高度关注。第一，信息技术会更加快速地发展，未来教师的外延将远远超出今天"教师"的范畴；第二，慕课、微课教学的发展已成为不同人群接受教育的重要路径，甚至有人借助信息技术成为"独立教师"；第三，人工智能的扑面而来，势必给教育、教学、教师带来积极的变革。同时，也给教师提出了新的挑战，未来有可能出现"机器人教师"。在这种信息技术语境下，如何育人、怎样育人都将成为高等职业教育的重大课题。育人任务的完成需要高素质教师队伍的支持，因此必须注重教师综合素质的培养与提升，必须让教师成为素质高、品德好、学问深的教育者。而且，教师的培养必须是高等职业教育发展的长期任务，只有教师具备较高的个人品德、个人素质水平，才能承担起育人责任，才能培养合格的学生。教师在育人的过程中要有耐心，要正确地关爱

学生，要让学生感受到教师的关怀，要成为学生成长路上的重要引路人。教师要注重和学生的沟通，要平等地倾听学生的想法，始终把自己和学生放在平等的位置，和学生相互学习、相互辅助。

教师发展的成败涉及学校发展的根本利益。教师资源的品质、质量、结构，教师资源所植根的制度、机制、文化等生存和发展环境是学校核心发展力提升的关键。其他一切物质的、社会的条件和因素都是为学生和教师的全面发展服务的，要为教师的成长提供宽阔的发展空间和良好的制度环境，确保教师队伍的稳定和可持续发展。

技术大师（工匠）是高等职业教育发展的宝贵财富。高职院校之大不在大楼，而在技术大师；不在大楼林立，而是技术大师云集，这是高等职业教育核心发展力的根基所在。就高等职业教育教师群体而言，技术大师是教师群体中的少数，是高等职业教育发展的精英，是领跑者。因此，必须挖掘培养要素，创新培养内容。

技术大师具有极强的人格魅力。高职院校的技术大师要有高尚的人格，只有这样才能培育出有高尚品格的学生。人格代表的是高职院校技术大师品格发展的高度。如果把高职院校比作容器锻造的熔炉，那么知识培养可以将学生打造成精美的器皿，但人格方面的培养需要教师具有强大的人格魅力。只有高校教师同时具备技术和高尚的品格，培养出的学生才能是既掌握高等技术，又具备高尚人格的人才。技术大师除了品格高尚之外，还应该有独立的见解，应该积极乐观，以宽广的胸怀对待学生。

技术大师应该做到教做合一。高职院校因为其特殊的教学目标，要求技术大师同时做好理论教学和实践教学工作，既能走入课堂，也能走入车间，在讲台之上应该是专业讲师，在实践基地应该是技能熟练的工匠大师。高职院校的技术大师要始终学习新技术，关注学科领域的动态发展，真正做到做教合一。技术大师应该能够带领团队开展科研教学活动。现代社会强调人与人的合作，高职院校也不例外。高职院校的教师应该在技术开发、科研教学等方面开展合作，尤其是在教学工作、科研工作很难一个人单独完成的情况下。所以，技术大师除了要掌握理论知识、实践技能、拥有高尚的品德之外，还应该有积极参与合作的意识，有协调各项工作的组织能力，成为引领学科发展、增强团队合作的中流砥柱。

（二）做精高等职业教育品牌

高职院校品牌是指在学校发展过程中形成的、学校师生共同创造的、受到学校师生普遍认可的精神财富。对于学校来讲，品牌是其发展的核心竞争力，代表了学校的特定文化，在某种程度上反映了学校的教学质量。品牌不仅仅是高职院校发展的追求，也包含了高职院校的育人观念。高职院校如果形成了有核心价值的品牌，就更容易被社会认可。如果品牌能够助推高职院校更好地发展，其核心价值也会有所提升。

高职院校品牌的形成主要受到三个要素的影响：首先是基础性要素；其次是发展性要素；最后是制度性要素。这三个要素彼此影响、相互依赖。高职院校的品牌不是凭空出现的，也不是由各种要素简单拼凑形成的，更不是虚拟化的，也不是对社会潮流的反映，而是各种优质要素综合作用形成的结果，是高职院校一代一代的师生共同滋养浇灌形成的。

高职院校品牌的形成离不开人才资本的支持。人才资本是三大基础性要素中的重要内容，包括学校、教师、学校管理人员以及院长等人力资源。其中院长至关重要，对学校的治理有着极大的影响，而学校治理结果又影响着高职院校品牌的形成。院长是高职院校发展的领跑者，院长使用的办学理念、院长自身的人品品格以及院长认可的教学思想，对高职院校品牌的形成有着直接影响。因为在高职院校品牌形成的过程中，院长发挥着重要作用，所以院长在制定决策时要寻根问底，要对学校发展有深刻见解，要积极利用各项人脉打造学校品牌，提升学校的社会声誉。

高职院校想要形成品牌需要注重制度创新。制度创新是制度性要素中的一项重要内容。从显性和隐性的角度可以将制度性要素分成两种：首先是显性制度，是指学校为了稳定运行而制定的规章、要求或者出台的政策；其次是隐性制度，是指高职院校发展过程中显现出的教育价值以及隐性存在的教育力量，如学校的传统文化、学校的习俗观念等。制度创新对于高职院校来讲至关重要，制度创新最重要的是进行教育理念方面的改革与创新，也就是从隐性角度出发进行创新。在创新过程中，各项制度可以慢慢优化和完善，学校品牌也会有更丰富的内涵，而且制度创新为师生带来了隐性福利，可以让师生在更优质的环境中开展教学活动，促使师生的幸福感、幸福度得到较大的提升。

就业质量是生成高职院校品牌的核心，也是发展性要素。对于高职院校来讲，培养人才是主要任务。人们主要通过高职院校培养的人才质量水平来判断其品牌竞争力，而人才质量水平主要通过就业质量来评判。就业质量主要受到两个因素的影响：一个是学生自身的质量，例如学生的知识掌握情况、技能情况、职业道德情况、对工作的适应情况等；另一个是社会中人才的供需情况。如果高职院校培养的人才符合社会发展需要，与社会用人单位的人才招聘要求相符，那么高职院校的人才就业率就会比较高，总体来看就业质量优秀。所以，高职院校在进行人才培养时必须考虑社会发展需要、用人单位需要，这样才能实现人才供给和人才需求之间的平衡，才能让学校的品牌越做越优秀。

（三）做深高等职业教育跨界文化

姜大源认为可以把跨界理解成两个融合：首先指的是企业和学校之间的融合；其次是指学习和工作壁垒的打破以及在此基础之上的融

合。[①] 分析高等职业教育的特点可以发现跨界是其本质特征。高等职业教育的跨界主要是通过校企合作实现的,在校企合作的过程中实现产教融合。教育跨界必然会形成跨界文化。跨界文化是以校区合作共同办学为基础形成的,包括企业文化,也包括高职院校文化。在这两种文化的核心元素有效融合的情况下,跨界文化得以形成。跨界文化是为了助推人才实现更好的发展。对于跨界文化来讲,"爱"是文化融合的目的;"合"是文化融合形成的根本;"和"是跨界文化要追求的最高境界。[②]

跨界文化的形成需要以正能量为基础。高职院校主要借助"情"的引领完成正能量的释放,"情"也是企业工作人员和高职院校工作人员交流的桥梁,是校企融合的重要基础。

以"情"的交流为基础,可以形成文化合力。企业和高职院校是完全独立的两个文化主体,企业存在的目的是转换资源,让资源生出财富;高职院校的任务是培养人才。在这两个主体有完全不同的存在任务的情况下,跨界文化的形成就需要借助"情"的交流来实现。在以"情"作为交流桥梁的情况下,高职院校和企业可以实现文化资源共享。但是在步入新时代之后,高职院校的发展有了新的战略任务,需要为社会输送更高质量的人才。想要完成这一战略任务,高职院校必须联合企业,形成文化发展方面的合力,构建出全新形式的文化形态,以此来提高人才培养质量。所以,综合来看,只有在文化和物质两个形态方面做到了"情"的交流融合,各项资源才能充分发挥自身的优势,"情"的力量也才能得到真正展现,"情"才能始终为校企合作、产教融合提供支持与服务。

---

① 张健.职业教育的追问与视界 [M].芜湖:安徽师范大学出版社,2010:4.
② 王明伦.高职院校跨界文化的培育路径 [N].光明日报,2014-06-03.

第二章 中高本教育的分段解析◎

"情"方面的合作让跨界文化有了更丰富的内涵。高职院校是为了培养应用型人才,所以强调在做中学、在学中做。高职院校的课堂是开放的,和传统课堂有较大的区别。在开放与合作的课堂中,教学资源充分共享,跨界文化得以形成。但是,在合作的过程中要注重学习和工作的统一,要慢慢探索有助于学习和工作更好地融合的方法。高职院校在打造跨界教学文化的时候应该以跨界文化为基础,客观分析企业员工以及教师和学生之间的文化差异[1],应该把育人作为合作的基本使命,在以"情"为合作桥梁的情况下缩小文化差异,保证跨界教学可以更顺利地开展,促使学、教、做实现有机统一,让学生能够真正从学习活动中掌握本领,积累知识,了解为人处事的道理。高职院校开展跨界教学文化建设应该始终把教、学、做的统一作为方法论。

跨界文化是学校个性的体现,是学校发展之灵魂,它代表一所学校发展的形象。跨界文化是在传承校企优良文化传统的办学实践中生成的,具有鲜明的历史积淀性特征。作为高职院校决策者,要发扬"跑接力"的精神,一棒接一棒、一届接一届、一代接一代地传承下去,不断丰富和创新跨界文化的内涵和外延,持之以恒地把高等职业教育跨界文化进行到底,让其产生核心发展力和民众认同感。

站在新时代,把握新特征,担当新使命。我们要弘扬敢为人先的精神,拿出爬坡过坎的智慧,书写好新时代高等职业教育发展的三篇大文章。

---

[1] 余祖光. 职业教育校企合作中工业文化对接的新动向[J]. 职业技术教育,2011(25):7.

四、现代职教体系建设为高等职业教育发展提供了新的坐标

（一）现代职教体系为高等职业教育功能定位提供新坐标：就业导向与教育导向

未来的现代职教体系必然会实现更为顺畅的中等职业教育、专科层次职业教育、本科层次职业教育和专业硕士及博士学位之间的衔接与沟通。这必然带来高职教育功能的转型。

说到职业教育功能，许多人把德国模式当作理想的形态。韦伯在《新教伦理与资本主义精神》一书里，观察到了普鲁士手工行业的瓦解和手工业者变身产业工人的过程，但即使是韦伯的时代，普鲁士的行会势力仍然是相当强大，以至于19世纪末，德国政府通过立法把强制性手工业协会纳入半国营范围，在技能形成领域赋予他们准公共权力。这一传统一直延续至今，一百多年来手工业部门一直是学徒制培训过程中一个重要的法人行动者。对于这一机制，西伦在《制度是如何演化的》一书中引用曼诺的观点认为，政府"通过与社会利益组织分享公共空间，试图把功能性组织作为维护秩序的指定代理者，从而搭建了一个调和利益的现代模式"。因此，许多中国人认为现代学徒制无非是校企合作的升级版的观点应该是一种误读，德国模式中的学徒制并非校、企两个主体，而是存在一个"调和利益"的中间组织。这个"功能性组织"并不是一个如政府一样的中立组织，它在本质上代表了企业界的利益。正因为如此，德国双元制以企业的用工需求为最终依归，职业教育要通过与生产过程高度统一的教学，达到让学生一毕业就能在现实的岗位上成为熟练工人的目的。直到今天，高等职业教育阶段的职业学院和专科高等学校仍然以"就业为导向"，主要功能在于促进学生就业。

第二章　中高本教育的分段解析

　　但美国不同，在 19 世纪末，美国已经有教授和专家在传统课堂中开展手工教育，一些公立院校开始设置劳动课程。虽然很多人认为，美国是通过手工教育课程的引入探索出了职业教育的道路，但是引入手工教育课程的专家们的初始意愿并不是要学生掌握更多技能，而是想要通过手工课程的引入改变公立教育僵化问题。教育专家认为手工训练有助于学生的德育发展和智育发展，所以将其引入了公立教育，没想到的是这一行为极大地推动了美国后期的职业教育发展。到 21 世纪初，职业教育已经成为美国高中的必修课程。但是，借助职业教育课程完成就业的学生在所有学生中的占比相对较低，这是因为职业教育的发展思路存在一些问题。人们认为技能的学习和数学的学习是基本类似的，这两种技能在未来的就业过程中并不一定会被使用到，而且这两种技能在教学中的作用主要是推动智育、德育更好地发展。这一点和德国的职业教育观念是不同的，德国的职业教育完全是以就业为导向的，美国的职业教育则完全是以教育为导向的。这种职业教育理念也影响到了高职教育的发展。我们经常把社区学院类比为中国的高职院校，实际上社区学院有着很强的升学功能，约 40% 的社区学院毕业生会寻求升入本科高校继续学习。

　　通过德国和美国的高职教育理念的比较，可以发现职业教育体现出了两种功能：一是推动就业；二是改善普通教育。在不同国家不同的教育环境下，职业教育体现出的功能是不同的，我们需要关注的是职业教育在中国的教育环境下处于什么位置，能够发挥什么作用。

　　现在人们在探讨中国职业教育发展的起源时普遍认为，福建船政学堂是最初的职业学校，而福建船政学堂遵循的职业教育理念与德国、美国都不同。我国的职业教育最开始完全是一种独立的教育形式，有专门的职业教育学校。但是，后来教育学者们发现职业院校中的学生只想走政治道路，不想学习技能，这是因为在当时社会中，教育属于稀缺资源，即使职业教育属于低端教育，参与职业教育的青年也会被人们看作社会中的精英人才。因此，从功能的角度看，当时的职业教育和普通教育是一样的。到了中华人民共和国成立后很长一段时间，本科毕业生和专科毕业生同样都可获得干部身份，从就业角度看并不存在根本性差异，可以说在中国高职教育中的普通教育基因并未明显失去。因此，我们可以说中国职业教育在传统上就是教育导向型职教，这就可以解释为什么在一片挞伐声中高职院校仍然保持相当大的文化基础课比例，仍然采用传统的课堂授课方式而非像德国那样的工作场所学习。

这一传统在现代职教体系建设的大背景下再次显得重要起来。随着现代职教体系的推进，高职院校中升学的比例将有可能继续加大，高职教育就不能再是完全的就业导向，而应在一定程度上引入"教育导向"。为应对这一变化，高职院校应在重视就业教育的同时同等重要地开展通识教育、生涯探索体验和专业基础教育，为学生选择升学通道提供帮助。

（二）现代职教体系建设为高职教育人才培养提供新坐标：宽口径与窄口径

1952年，我国开始了高等教育的院系调整，调整后全国高校都开始按照专业培养人才。在确立了专业教育制度之后，高等教育的专业数长期处于上升状态，1954年发布的《高等学校专业分类设置》中共有257种专业，1963年增加到432种。此后，对高等学校专业设置的监管松懈，到20世纪80年代初，全国实际设置的专业数已达到1300多种，其中仅实际设置的工科专业数就达到686种，比1954年增长了3.75倍。而我国在1998年编制的《中华人民共和国职业分类大典》中的职业数也不过1838个。可以认为，到80年代，高等教育专业已与职业或岗位形成了某种程度的对应关系，专业教育制度设立之初所设想的使专业与国民经济社会建设需求高度吻合的目标在一定程度上确实实现了。但也是在20世纪80年代，六届人大一次会议上政府工作报告中就提出：目前高等教育专业设置过细，影响了学生的进一步发展。从那以后，高等教育的专业数开始逐渐减少。但是很明显，如果要真的做到就业导向，专业数应该尽量多而不是减少。所以，在高等教育领域实际上出现了人才培养定位宽口径与窄口径之争。

想要从根本上解决宽口径和窄口径的争论，必须转变思想。之前的专业建设遵循的是对接理念，认为职业教育的发展需要与企业发展、产业发展对接。在这种情况下，职业教育根据企业和产业发展需要设置了很多专业。但是，当今社会在快速发展，越来越信息化，这种对接已经无法满足社会对人才的需求。所以，人们提出了一种新的高职教育专业建设理念，即融合理念。

第一，专业设置应该遵循产业融合的理念。目前，中国的制造业仍然属于相对低端的层次，还没有向更高端的销售层次、设计层次转型。国内也有一些企业抱怨，因为产品设计水平较低，没有办法吸引更多客户，导致产品销售情况不理想，无法获得市场的认可。如果国内市场一直创造不出优秀品牌，国家就无法完成产业转型与升级。其实产业升级不仅仅涉及技术方面，还关乎产业全部环节的整体升级。高职教育可以在产业全部环节升级方面发挥有效作用。对于制造业来讲，它的升级就是让整个"微笑曲线"扁平化，改变一直处于"微笑曲线"最低处的状况，转型升级的目标就是服务业化。在这方面，高职教育可以提供重大支持。

除了上面提到的融合之外，产业链的其他方面也存在融合交叉。例如公共交通和互联网相互融合，物流和互联网技术相互融合。再例如LED技术的发明，让灯具的生产时间大大缩短，导致市场中出现了大量新型灯具企业，使得家具装饰公司设计出很多新型家具方案。近几年，随着移动支付快速发展，互联网公司可以在多个地区实现产品的跨区域销售，通过多方面的融合为社会提供更多新岗位，创造出许多新职业。

在社会快速变化的情况下，学校专业设置不能继续遵循对接理念，应该根据市场和社会需要创造性地设计专业。在设计专业的过程中，学校应该融入自身的教育思想，保证专业设计既尊重传统专业，又融入符合时代发展需要的新兴元素。虽然使用新理念设计出来的专业不一定会受到产业界的热烈欢迎，但一定符合产业发展，一定可以在未来助推产业实现更好地发展。过去，专业设置受到教师、资源以及学生管理方式等因素的限制，但在互联网快速发展的情况下，三者之间的组合更流畅，学校甚至可以根据需要组建虚拟的学生项目组，让多个专业的学生共同参与到团队合作中来，共同完成某一学习目标。在这种情况下，学校可以培养出更具普适性的人才，这些人才身上融合了更多的技能和知识，更符合社会信息化发展的需要。

第二，学校在设置课程时应该体现岗位融合理念。有一些企业家在接受采访时表示，我国中等教育目前没有达到质量水准要求。但是对高等职业院校的教育和企业培训进行分析可以发现，很多企业会在学生入职之后进行企业内部培训。企业本身就没有要求学校对学生进行专业的技能培训，所以企业家们所说的学生质量不达标大多是指学生没有形成职业责任感，没有形成问题处理能力，没有办法真正发挥专业知识。所以，学校在设置专业课程时不能只关注企业的岗位需要，而应该跳出岗位的限制，从整体判断学生需要哪些技能和知识，培养学生运用知识和技能解决问题的能力。

所以，高职院校在设计专业课程时应该遵循融合理念，在对课程进行改革时应该注重情境教学，也就是通过课程教学活动让学生掌握在真实场景下处理问题的能力。为了实现这一目标，专业课应该从以下几方面进行改革与创新：首先，专业基础课应该向功能化方向发展，课程数量应该尽可能减少。课程数量减少是指尽可能地对理论知识进行压缩，减少相应的课时数量，让学生自主学习基础知识与内容。功能化是指在专业基础课程教学过程中，教师应该让学生掌握知识与技能的运用方法，而不是将知识简单地记录下来，应该引导学生在完成学习任务的过程中学习知识、了解知识。其次，专业方向课以及核心课应该向项目化的方向发展，学生应该在课程学习的过程中真实地参与服务项目或者真实地创造出某一产品。最后，高职院校应该建设学习项目体系，应该实现课堂项目＋课程项目＋学年项目＋毕业项目的有效衔接。学年项目应该整合各种各样的课程项目，是项目在更大范围内的融合。毕业项目强调让学生真实参与，毕业项目给予学生更高的自主性，让学生可以将自己的毕业项目作为找工作的敲门砖，让毕业项目体现自己的实际能力水平。

第三，应该注重教学环节和教学过程的融合。如果高职院校不对接企业需求，就只能通过观察企业生产和运行方式来判断企业和社会发展对人才的需要。高职院校可以在此基础上在学校内部打造一个与企业和社会发展需要相吻合的抽象教育过程。抽象教育不是对企业产品的生产环节进行模仿，而是对企业运行过程中出现问题后的问题处理过程进行模仿，其目的是让学生掌握多种问题的处理方法。在这种情况下，学校需要在观察企业生产情境之后，为学生创造一个模拟化的情境，引导学生学习如何处理问题。

（三）现代职教体系建设为高等教育融合提供新坐标：层次与类型

职业教育认可的普职关系是普职二分法。有一些专家学者认为职业教育属于独特的教育类型，但如果将职业教育理解成以教育为最终导向的教育类型，那么普通教育和职业教育的最终目标就是一致的，职业教育就不是独特的教育类型，只是实现教育目标可以使用的一种教育形式。其实普通教育和职业教育不是对立关系，也没有地位高低的差异，而是功能互补的两种教育形式。现在有一些职业学校已经在中学和小学开设职业体验课程，目的是弥补普通教育的不足之处。普通教育和职业教育在未来发展过程中，可以在互为补充的前提下实现资源共享和课程交换，形成更深层次的联系。

所以，人们关注的重点无需聚焦于本科院校和高职院校有哪些不同，也不必一直强调中国教育应该强化双轨制，更不必要求普通院校向职业院校的方向转变。当下，教育的真正目标是做好课程分类管理，通过判断课程的职业性强度和学术性强度，将课程分成不同的类型，开展不同的管理，同时探究建设特色的学分制体系，对学生能力进行评价和认证，鼓励和号召学生选修多种多样的课程。

（四）现代职教体系建设为高职教育产教融合提供新坐标：合作与融合

在产教融合概念提出以前，职业教育界习惯于讨论校企合作问题。很多学者普遍认可德国的职业教育模式，认为应该让学生在企业工作三至四天，在学校学习一到两天。但是需要注意的是，德国的职业教育不是学校和企业之间的简单合作，是多主体共同参与创造出来的一种合作模式。如果中国单纯地照搬这种教育模式，可能会导致校企合作向不良的方向发展。而且如果只是单纯的学校和企业的双方合作，那么学校很难真正掌控学生在企业中的学习情况。在学校控制力不足的情况下，学生可能更愿意直接和企业建立联系，导致学校成为职业教育发展过程中的多余主体。

所以，想要真正开展校企合作，除了校企双方有合作意愿之外，学校还必须对学生在企业中的活动有真正的控制权，保证双方始终有一致的目标。德国的职业教育是通过行会来保证教学目标的一致性，也是由行会行使学校的监督权、控制权。但中国的问题是没有这样一种强势的行会组织，所以学校不可能把对培养过程的监控权让渡给第三方，学校也无法确保与生产部门形成目标上的一致。但好在已经有学校给出了解决范例,即不直接与企业的生产部门合作,而是与企业的培训部或企业间的联合培训机构合作,从而在很大程度上解决了教育目标一致性和教学过程可控性的问题。据此,我们的建议是学校应该学会与有培训部的大中型企业合作或有教育服务职能的企业合作,而放弃与生产型企业的直接合作。

当现代职教体系建设中引入产教融合的概念后,高职院校不再只是被动地接受企业的合作,而应深度融入产业的发展、推动产业的进步。如全国各地正在兴建一大批特色小镇,这些小镇建设往往缺乏高端知识型和技术技能型人才的指导,影响了建设质量。高职院校可以充分发挥自己的人才优势、智力优势,全面介入小镇的规划、建设、评估、保障等工作。显然,产教融合概念的引入极大拓展了高职院校的功能定位,要求高职院校从单纯的就业教育机构转型发展成为地方和产业建设的引导者、推动者和实施者,这对高职院校来说也是一个全新的挑战。

第三节 职业本科教育解析

大力发展职业本科教育符合我国完善现代职业教育体系及产业转型升级的实际需求,可以激发职业院校办学积极性,有效提升职业教育的吸引力。发展职业本科教育的目的是培养高层次职业技术人才,为高等教育提供新的教育类型。因此,为了推进社会主义现代化建设,我国必须大力发展职业本科教育,全面提升我国高等教育的综合实力和竞争力,为社会主义现代化建设提供强有力的人才支持。

一、发展职业本科教育的现实需求

职业本科教育属于全日制本科学历教育,更能体现职业对专业教育的需求。职业本科教育培养的人才具有较强的技术理论和应用能力以及初步研究能力,可以为生产、服务、管理和建设等岗位服务。职业本科教育的发展不仅可以弥补普通本科教育过于注重理论知识的缺点,还可以突破职业教育过于注重技能、忽视理论的不足。职业本科教育非常符合我国高级技术技能人才紧缺的国情,为了促进我国职业本科教育的发展,顺应教育发展的总体趋势,相关人员和部门应该积极探索和实践,大力发展职业本科教育,促进我国教育体系更好地发展。

大力发展职业本科教育符合我国社会经济发展现状以及现代职业教育体系的发展趋势。目前,产业变革和科技革命迅猛发展,促使我国的产业结构发生了重大变革,并在此基础上不断优化升级。随着高新技术产业和现代制造业迅猛发展,我国的产业结构变革正在大步迈进,在此情况下,我国急需提升劳动者的综合素质,急需高素质、高技能的综合型技术人才,这就给大学毕业生提出了新的要求,即要求大学生具备从事某一领域的专项技能和迁移技术能力,简而言之就是要求大学生具备专业思维、技术能力和职业素养。所以,目前我国急需发展职业本科教育,并以此为基础推动现代职业教育体系和产业体系共同发展,由此满足社会发展对高技术人才的需要。目前,我国的职业教育体系主要包含三级学制——中等教育、职业专科以及职业本科教育,从本质上来说,它们是相互独立的,具有层次性,并共同构成了完整的职业教育体系,这种教育体系又促进了职业教育体系的建设和全面发展。

我国优化高等教育结构、推进高等教育现代化的重要措施就是发展职业本科教育。2021年我国人均GDP超过1.2万美元,高等教育的入学率是57.8%。从国际教育的角度看,一个经济体处于中高收入发展阶段，应该进一步提升技术能力、资源配置效率及人力资源，进而促进经济快速增长。因此，在经济高速发展的过程中，我国应该适度调整高等教育的类型与结构、学科专业结构及层次结构。当前，我国不断扩大高等教育的办学规模，但在人才培养体系和质量上存在很多不足，无法适应经济发展需求以及产业结构升级需求，导致毕业生就业难的问题逐渐凸显。此外，为了得到更多、更好的就业机会、更优质的生活条件，学生及其家庭都希望通过职业教育提高综合实力和竞争力。在这方面，职业本科教育的优势十分明显，因为它与现代企业紧密合作，通过现代企业把行业发展的前沿技术和知识理论融入教学和实践中，让学生尽早接触数字智能化、信息化的生产技术和环境，进而增强学生在劳动力市场的综合竞争力。因此，我国在加强高等教育建设的过程中必须大力发展职业本科教育。

优化人力资源结构、提高职业教育吸引力的重要途径是大力发展职业本科教育。到2021年底，我国技能人才总数超两亿人，在就业人员总量中的占比超过26%，其中高技能人才超过6000万人，在技能人才总量中的占比为30%。但相较于发达国家，我国高技能人才数量相差甚远，例如在日本的产业工人队伍中，40%是高级技工，德国则更高，高级技工的占比达到了50%。从我国目前的人才培养体系来看，大多数技术型人才都是实操型人才，缺乏理论素养，没有将理论与实践有机融合，无法满足企业对人才的需求。与此同时，大部分企业认为学历最重要，但事实上，我国职业教育绝大多数是专科教育。面对这种情况，我国应该培养高技能、高素质的综合型人才，以此促进产业结构转型和升级，并在此基础上提升职业教育的社会影响力，让职业教育的层次进一步提升，让更多学生获得提升学历的机会，推动职业本科教育进一步发展，完善教育体系，进而获得社会认可，从根本上解决因为"有技能没学历"而找不到理想工作的问题。

大力发展职业本科教育是提高我国职业教育国际影响力的积极措施，符合国际教育的发展趋势。20世纪后期以来，将职业教育升级至本科层次是世界职业教育发展的重要方向。例如德国的职业本科教育学校——双元制大学、日本的职业本科教育学校——专门职业大学以及英国的科技大学等，都属于职业本科教育的高校。从某种意义上来说，有些国家的教育体系并没有职业本科教育实体，但是它们采用的教育方式属于职业本科教育。例如，澳大利亚的TAFE学院，该学院设置了大量本科专业，美国的很多大学都设置了职业本科教育，例如美国的普渡大学。此外，法国高校也实施职业本科教育，并将这种教育方式称为"本科层次的技术教育"，给毕业生颁发大学技术文凭。因此，我国职业教育体系建设和发展应该与时俱进，不仅要大力发展职业本科教育，而且要努力发展至世界先进水平。

二、职业本科教育的政策导向

目前，我国的高等教育已经进入普及化阶段，这个阶段最重要的使命是促进现代化职业教育体系的建设和发展，着力培养高素质技术人才，为国家建设提供强有力的人才保障。近几年，我国推出了一系列改革措施，出台了一系列相关的政策和制度，力在促进职业本科教育的发展，并为职业本科教育指明了发展方向，提供强有力的政策支持。

2014年6月，《国务院关于加快发展现代职业教育的决定》（国发〔2014〕19号）首次明确提出，"采取试点推动、示范引领等方式，引导一批普通本科高等学校向应用技术类型高等学校转型，重点举办本科职业教育"。2019年2月，《国家职业教育改革实施方案》提出，"开展本科层次职业教育试点"，突破了以往"原则上专科高等职业院校不升格为或并入本科高等学校"的政策限制。2021年10月，中共中央办公厅、国务院办公厅印发《关于推动现代职业教育高质量发展的意见》提出，"稳步发展职业本科教育，高标准建设职业本科学校和专业"。同时，国家相继出台多项政策，明确《本科层次职业学校设置标准（试行）》《本科层次职业教育专业设置管理办法（试行）》《关于做好本科层次职业学校学士学位授权与授予工作的意见》。可以说，职业本科教育在学校设置、专业设置、学位授予等方面都有了"国标"，基本形成了人才培养的"闭环"。2022年4月，《中华人民共和国职业教育法》正式通过，为开展职业本科教育提供了法律依据。

为推进政策落地，教育部通过高职院校升格、独立学院合并转设、试点示范等方式，稳步发展职业本科教育。2019年5月，教育部首次以"职业大学"命名批准了15所高职院校举办本科层次职业教育，标志着我国独立建制的本科职业院校正式建立，拉开了职教界期待已久的改革大幕。2020年6月，教育部批准7所高职院校升格为本科"职业大学"。2021年6月，教育部公布拟同意设置的13所本科高等学校，7所为公办，6所为独立学院与高职院校合并转设的职业技术大学。截至2021年年底，经教育部批复设立的职业技术大学有33所，开办职业教育本科专业的普通高校有3所，其中21所民办高职升格，1所公办高职升格，1所独立学院转设，10所独立学院与公办高职高专合并转设；公办职业本科高校有11所，民办职业本科高校有22所。2022年2月，在教育部"介绍推动现代职业教育高质量发展有关工作情况"的新闻发布会上，教育部明确提出，以部省合建方式，遴选建设10所左右高水平的职业本科教育示范学校。可以说，经过多地试点探索，举办职业本科教育的途径、模式和定位逐渐清晰起来，职业本科高校建设也得到社会各界的广泛关注和支持。

例如湖北的高职高专院校数位居全国第四，数量为61所，湖南78所，河南94所，安徽74所，江西60所，山西51所；湖北的在校专科生人数位于全国第三，达到68.29万人，其中湖南在校专科生人数是72.85万人，河南124.14万人，安徽65.84万人，江西63.17万人，山西

31.46万人。总体来说，湖北高职高专院校的规模和就学需求与国家招生计划基本符合。国家的招生计划是指从2020年开始，国家对高职院校实行扩招，湖北高职院校的招生计划是连续两年每年扩招25万人。

在扩招取得显著成绩的同时，湖北高职院校发展还面临着许多问题，例如没有一所高职本科层次的职业院校，这并不符合湖北高职教育在全国的地位（湖北高职教育的总体排名在7—10名），其主要原因是根据国家的前期要求，湖北高职教育需要在民办高职中选择合适的学校设计本科高校。2020年，我国教育部门在这些学校中遴选了22所学校进行试点，想通过实践得出经验，进而培养高层次、综合型人才。在试点的过程中，21所民办专科高职院校升级成功，另外一所则升级为公办职业本科学校，这所学校就是南京工业职业技术大学。从湖北的办学情况来看，该省学校的公办性较强，没有符合条件的学校。[①]

三、职业本科学校的实践创新路径

（一）立足"两化"需要，培养"一基四能"高层次技术技能人才

职业本科学校的办学定位和要求在《本科层次职业学校设置标准（试行）》中有非常详细的阐述，但是从目前的情况看，学术界和国家政策都没有明确高层次技术技能人才的培养标准。

社会分工直接影响高校的发展和定位，同样也影响着高层次技术技能人才的内在含义。目前，我国进入全面建设社会主义现代化国家的新征程，国家的产业结构正在发生巨变，对数字化和智能化转型的

[①] 朱爱国.稳步发展职业本科教育［J］.湖北教育（政务宣传），2022（5）：8-10.

需求越来越迫切，而原来的高职专科院校的毕业生综合素养比较薄弱，无法适应市场需求，尤其无法满足高端产业对人才的高层次需求。

从人才需求及人才供给的矛盾来看，我国职业本科教育应该依据教书育人的价值性原则、职业性原则和成长性原则确定办学定位。职业性原则集中体现为能够完成复杂、综合性强的工作，是职业本科教育的本质属性，也是职业教育区别于其他教育方式的重要特征；价值性原则主要表现在职业本科教育具有较强的实际价值和应用价值，可以帮助企业创造性地解决实际问题，并根据实际情况推动技术创新和应用创新；成长性原则主要体现在职业本科教育需要具备终身学习的能力，持续保持发展动力和发展空间，可以促进未来经济社会的发展。所以，高职本科院校应该立足于社会发展需求，促进产业链现代化和产业基础高级化，培养"一基四能"的高层次技术应用型人才。这类技术技能人才必须掌握扎实的基础知识，拥有较高的专业技能技术，较强的数字化应用能力、问题解决能力以及创新实践能力。

（二）坚持职教理念，建立"三重两化"型人才培养模式

职业教育的人才培养逻辑不同于以学科体系和知识逻辑为基础的普通教育，具有任务性及职业性两大特征。从职业能力分析的角度出发，职业本科教育应该不断探索和研究任务型教学方式，使专业与岗位、课程知识与生产实践以及学校教育与终身学习实现高度匹配。从社会和企业的人才需求出发，职业本科教育应该培养高层次技能技术人才，并在"重技术、实践和发展、模块化、综合化"的基础上构建独特的人才培养模式。

重技术是指职业本科教育应该从与产业发展有关的前沿技术入手，进一步明确行业引进、企业参与以及教材开发等内容的标准。此外，学校应该增设交叉技术选修课，在更新课程内容的同时选用活页式、工作手册式教材；重实践是指职业本科教育应该全面提升学生的实践

能力和应用能力，加强与行业龙头企业的合作，共同培养高层次技能技术人才，共同完善学徒制教学机制，为毕业生提供下厂锻炼的机会，促使校内外的实训、实习实现有机整合，形成一个完整的"实践链"；重发展是指职业本科教育应该以夯实学生的理论知识为出发点，丰富课程资源，增设公共基础课、专业选修课及专业基础课，有针对性地开展专长训练，进一步提升学生的自主能力，打造升学深造板块，满足学生的个性化需求。

如图2-1所示，"平台+模块"课程体系主要由综合性的项目教学和模块化的课程体系组成，在这种课程体系中，最主要的是专业能力、平台建设、综合实践等实践板块。在开发教学模块的基础上建立结构化教学团队，该团队主要负责设计综合性、开放性的实践项目，专业教育及通识教育也不可或缺。在实践过程中，"平台+模块"课程体系不仅要注重理论传授，还应该注重实践能力的培养和提升。

方向1	方向2	方向3	新技术类课程 跨学科课程	职业技能训练课程	创新创业实践 学科与科技竞赛 科研项目	英语进阶 数学进阶 专业课程进阶	企业顶岗实习 科研创新项目
专业方向课程			专业拓展课程		创新创业实践	升学深造课程	
个性选修模块							专业课程项目
课程1、课程2……			课程1、课程2……	课程1、课程2……	课程1、课程2……	
工作领域1			工作领域2	工作领域3	工作领域4	
专业能力模块						
课程1、课程2……（工科类专业含高等数学、大学物理）					课程1、课程2……		课程群项目
专业基础课						
基础课程平台						
思政类课程 身心素质类课程（军训、体育、心理健康教育、劳动教育等） 文化基础与职业素养类课程（英语、语文、双创、职业规划、信息技术基础、人工智能（工）等）				艺术类、社会类、文化类、自然科学类等			课程活动项目 企业认知实习
通识必修课				通识选修课		
通识课程平台							综合实践模块

图2-1 职业本科教育"平台+模块"课程体系框架

（三）坚持产教融合，打造"一群一院"协同育人机制

职业本科学校办学，高层次技术人才的培养需要推进产教融合及校企合作，学校应该以高水平的专业群体为合作、发展起点，和所属地区的龙头企业合作共同建设产业学院，探索现代化培养模式，形成通力合作的育人机制。此外，在选择合作的企业时，学校要进一步探索和研究地方性产业发展规划，从当地的经济需求出发合理选择企业，做到与企业相互需要，共同发展。学校还应该和相关企业合作共同开发教材，制定教学方案及培养方案，培养符合市场需求的高层次人才，当然校企双方也应该明确各自的权责，将专业建设、师资配置等重要责任和义务分配清楚。

为了进一步深化产学研用的长效机制，学校应该构建两种平台，一种是以研发核心技术为重点的技术实验平台，其主要功能是促使研究成果落地应用，为数字化提供强有力的技术支撑等。

（四）深化"三教"改革，夯实专业建设内涵

职业本科院校在《国家职业教育改革实施方案》的引导下实施"三教"改革，"三教"是指教师、教材及教法，可以在一定程度上推动产教融合和"双元"育人。任何形式的教育都需要明确教师、教材及教法，"三教"改革充分彰显了职业本科教育的教育特色和教学内容，因此职业本科教育应该积极落实"三教"改革，并将其作为明确专业建设内涵和教育类型的重要抓手。

1. 引智、精进，打造"专家型双师"师资团队

首先，职业本科院校应该积极引进国际国内技术水平高的技能人才，如行业专家、企业名家、技术大师等，为其设立特聘岗位和工作室，通过广泛吸纳人才凝聚创新力量。其次，职业本科院校应该建立

灵活的技能人才进入校园的流动机制，实行企业实践、全员轮流培训、进修学位等举措，提高校内教师的实践能力，培养教师的工匠精神。再次，职业本科院校应该制定师资准入标准，对教师的任课资格进行认证，对教师进行分类评价，实行目标绩效管理制度。最后，职业本科院校应该构建"126"师资研修机制。"126"是指一个中心统筹发展，两类基地联合支撑发展以及六类人员梯队发展。其中一个中心统筹发展是指立足于学校的实际情况设置教师发展中心，两类基地联合支撑发展要求全面提升教师研修基地的教学水平和专业研究能力；六类人员梯队发展是指将全体教师分为六大类，即带头人、骨干教师以及兼职教师等，并根据教师类型为其匹配对应的课程培训和职业发展规划。

2. 一书一课，开发数字化、新形态教材

首先，职业本科院校应该在开发教材内容时运用工作任务、职能分析的方式，以技术知识为核心，将课程内容的复杂性与实践的综合性呈现出来。

其次，职业本科院校的教材开发人员在编写基础信息技术的过程中，应该积极倡导使用数字化、活页式的新形态教材，对多种媒体资源进行综合利用，激发学生学习的积极性和自主能动性。

再次，职业本科院校应该把线上课程和新形态教材合为一体，建设一书一课的配套形式，积极贯彻落实思政课程、专项融合、课证融合理念，努力打造高质量教材和课程内容。

最后，职业本科院校应该制定《教材管理办法》等制度性文件，积极建设和开发课程体系和教材规范；设立专项资金，把本科教育的课程体系和教材建设分开，单独立项，完善建设标准和规范，实施过程化管理，保障课程质量和教学质量。

3. 开放、综合，提质升级"五化"教学模式

教学模式应该以学习成果为导向，着力培养学生的创新能力和技术应用能力，对项目化、模块化、小班化、信息化、立体化的教学模式进行优化、改革。

首先，项目化改革。职业本科教育和龙头企业在合作开发和设计教材、课程的过程中应该通力协作，以项目为核心，围绕具有创造性和综合性的课程项目和工作建立科研项目数据库和企业案例库，并对各项信息数据进行及时、动态更新，将这些信息数据转化为三级实训项目，形成真实项目教学。

其次，小班化改革。如果班级人数较少，在教学过程中，教师更容易调动学生的积极性和主观能动性，进而满足教学要求和学习需求。从课程教学改革的发展情况来看，在实施小班化改革的过程中，学校应该加强师生之间的交流与互动，尽量减少班级人数，开展启发式教学和互动式教学，提高教学质量和水平。

再次，模块化改革。职业本科院校应该根据教学内容的开发方式和结构化的教研团队，充分发挥教师的职业性和专业性，有效整合资源，进一步提高学生的实践能力和学习能力。

然后，信息化改革。随着信息化快速发展，职业本科院校应该加快建设信息化课程，全面提升教师的教学水平；充分利用信息技术平台，传授学生正确的学习方法，全面推进课堂教学改革。

最后，立体化改革。职业本科院校应该加快开发新形态教材，通过校企合作、双元开发推动一书一课同步建设，构建新形态载体，加快建设"岗课赛证"综合性育人教材，提高职业本科教材的质量。

四、坚守职业本科教育的方向特色

当前，我国已经分批建设了32所职业本科院校，还有更多的职业

院校正在积极争取升格资格，受到了学生、家长以及其他主体的广泛关注与深入探讨。院校实践和学理研究都证明了社会大众对职业本科教育的重视程度，因此各职业本科院校应该在激烈的竞争中保持教育初心，保持清醒的头脑，砥砺前行。在发展的过程中，职业本科院校需要从政府、高校和社会评价三个维度来确定发展方向。

（一）强化政府引导

职业本科教育是一种新型的教育形态，不仅注重广泛发展，也注重审慎发展，需要国家和地方政府给予正确的政策引导，以明确的政策方向和内容应对发展过程中出现的不确定因素，以实现有序发展、统筹发展。从相关政策和文件可知，标准推进、分类指导对职业本科教育的发展起到了至关重要的作用，可以帮助和引导职业本科院校稳定发展，并通过高质量的工作提升职业本科教育的质量，进而获得令人满意的教育成果。"十四五"期间，教育部逐一攻破制约职业本科教育发展的制度障碍，建立健全职教高考、国家资历框架等机制，着力推进职业教育及普通教育的纵向发展和横向发展，全面提高职业本科教育的质量。

（二）强化学校自律

在职业本科教育发展过程中，职业本科院校应该增强自律能力，明确发展方向，真正做到"三个坚持"，即坚持党的领导、坚持服务经济社会、就业创业，坚持职业本科教育方向不变、特色不变及培养模式不变。在做到"三个坚持"的同时，职业本科院校也要把握好职业本科教育的"变化"。

变化一：职业本科的变化及高职专科的变化。职业本科院校在发展的过程中要避免随着办学惯性发展，要坚持正确的发展定位和方向不动摇，避免发展成为"四年制专科"，要明确培养定位、全面提升办学质量。

变化二：职业本科的变化及普通本科的变化。职业本科学校要确保不向普通本科教育体系倾斜，不模仿，不照搬。

（三）强化评价督导

职业本科教育的健康发展需要相关部门与机构加强评价督导，进一步强化评价督导的作用，准确定位，把握好职业本科教育的属性，以保障职业本科教育高质量发展为契机，引导职业本科教育扬长避短、改正错误。首先，教育相关部门应该完善评估机制，明确评价标准，形成完善的评价体系，通过科学、有效的手段评估学科教育和专业发展，从实际情况出发充分了解和掌握区域办学特点，积极开展多元化教育教学，避免出现"千篇一律"的情况。其次，学校应该加大督导力度和评价力度，积极落实教学整改，以本科教学为基础建立常态化诊断和体制改革，形成高质量的管理机制。最后，学校可以邀请企业、行业和第三方评价机构参与教学评价方案设计，全力开展教育督导和教育质量评估，牢牢把握相关标准和发展脉络，明确建设和发展方向，严格遵守教育建设标准，全面建设和落实育人评价标准和体系，全面评估职业本科院校的综合实力，集中力量发展职业本科教育，促进我国教育全面发展。①

---

① 李贤彬，李蔚佳，鲍东杰.职业本科教育的发展历程和实践路径［J］.教育与职业，2022（15）：47-52.

第三章　中高本专业衔接的理论认知

第一节　理论视角下的中高职衔接

一、中高职教育衔接及其机制

（一）中高职教育的衔接

中高职教育的衔接指运用特定的途径和方法，让中高职教育子系统在保持彼此独立的同时具有系统性及连续性，可以进一步完善中高职教育系统。

中高职教育衔接适应了社会发展需求、个体发展需求以及现代职业教育体系建设需求。因为正是社会的快速发展，使得企业对不同类型和层次的人才产生了个性化需求，进而推动教育体系不断分化，最终形成不同类型、层次和形式的教育子系统。中高职教育子系统的产生满足了社会发展对不同层次技术人才和技能人才的实际需求，而个体发展具备连续性、阶段性及个体差异性，因此高职教育子系统为了满足不同层次技能人才的成长需求、终身学习需求必须衔接起来。

从宏观的角度看，中高职教育衔接的是中职教育子系统和高职教育子系统，两者的对接共同发挥了现代职业教育体系的作用，并在定位和功能上实现了互补；从微观角度看，中高职教育衔接是指中高职专业课程、院校和教育评价方式等要素相互衔接，让学生可以顺利地从中职院校过渡到高职院校，进而保证学习内容及学习目标可以实现无缝连接，避免出现重复学习、学习断档等情况。从宏观上来说，中高职教育系统的衔接为微观层面各要素的衔接提供了必要条件；从微观上来看，微观层面各要素的衔接让宏观的教育子系统衔接更加具体，可以让宏观的教育体系实现充分衔接。由此可见，衔接不只是简单地连接中高职教育，而是子系统之间的相互促进、互为补充，是将子系统的各项功能进行整合，以实现职业教育系统的全部功能。

（二）中高职教育衔接的机制

机制是指系统与系统之间、系统各要素之间应该遵循的规则。机制有三层内涵：第一，机制属于系统中的概念，是系统维持运营的重要方式；第二，机制产生于系统内部，由各子系统和要素共同作用形成；第三，机制运行必须遵守一定的规则。

中高职教育衔接机制可以让中高职教育相互衔接，是中高职教育子系统和各构成要素必须遵守的运行准则，其运行必须遵循系统发展规律和教育规律。具体来说，中高职教育衔接机制的形成和运行必须满足如下条件：首先，遵循教育连续性及阶段性统一发展规律。在职业教育体系中，中高职教育子系统必须明确自身定位，避免出现重叠情况，培养不同层次的技术技能型人才。其次，中高职教育必须遵循系统论基本原理，如目的性原理、开放性原理等重要理论。最后，教育系统是人为构建的，属于社会子系统，其运行过程中的衔接机制必须遵循社会规范和对应的教育教学制度。

（三）中高职教育衔接的宏观机制分析

1. 衔接要遵循教育阶段性和连续性

在职业教育体系中，中高职教育的准确定位是中高职教育衔接的重要前提。从宏观的角度看，系统衔接是为了让中职教育子系统和高职教育子系统相互协调、共同发展，所形成的现代职业教育体系可以满足个体在不同阶段的受教育需求。只有明确中高职教育子系统的定位，充分展现教育的连续性、阶段性，才能满足学习者的个性化需求。如果两个子系统可以依据自身的特点和优势明确定位，发挥各自的功能，相互协调，共同发展，两个子系统的衔接就有意义；相反，如果两个子系统的功能和定位重叠或者存在冲突，学习者就会在两个子系统内学习重复的内容，或出现学习断层现象，导致教育资源浪费或教育内容无法衔接，使得衔接失去价值。所以，从职业教育体系的完整性和连续性角度来看，中高职教育衔接需要明确各个教育子系统的定位，减少重叠内容，避免发生冲突，保证教育系统功能健全。

2. 衔接要遵循系统的开放性原理

中高职教育衔接的重要前提是提高中高职教育子系统的开放程度。当前，我国中高职教育功能重叠，无法有效衔接的一个主要原因就是中高职教育体系过于封闭。所以，中高职教育衔接需要先提高各个教育子系统的开放性，加强信息、人员的沟通和交流，避免因为交流不畅造成功能重叠和浪费教育资源等问题。另外，提高中高职教育子系统对其他子系统的开放程度，可以加强各个教育子系统之间的了解，充分认识到职业教育的作用，进而准确把握不同类型职业教育的规范性；对政策系统和经济系统的开放可以更深层次地了解社会的人才需求，进而了解社会对中高职教育人才培养的具体需求，使两者的定位更加准确。

3. 衔接需要有章可依

中高职教育衔接的一个必要前提是建立相关制度和规范。中高职教育衔接并不是没有秩序地结合在一起，而是需要有序运行，而有序运行的前提就是衔接必须遵循相关规则。教育系统中的子系统和各个构成要素之间的关系深受教育制度的制约，中高职教育衔接机制有序运行的重要前提是确保整个系统有序运行。从世界范围来看，各国的教育体系在衔接和沟通方面存在一个明显的共同点，即都在制度上确保了教育衔接的可行性。[①] 例如专业设置制度明确指出哪些专业需要中高职衔接，并对衔接专业的设置做出明确规范；生源选择制度明确了哪些学生需要参与中高职衔接项目，相较于普通高考来说，该制度更加注重学生职业技能的考核，更加关注学生的职业性；师资培训和信息沟通制度可以确保中高职院校的教师全面掌握两个子系统对人才培养的具体要求及目标；教育评估制度可以评估衔接项目的发展进程和成果，引导中高职院校的人才培养向着正确方向发展。

总而言之，从宏观的角度看，中高职教育衔接主要表现在中高职教育子系统的相互作用和影响，总体概括为：在现代职业教育思想的指导下，中高职教育子系统应该遵循相关的教育制度，精准定位，互相开放，有序对接，以保障教育系统高效、有序地运行，并在此基础上确保学习者的学习需求得以满足，促使学习者实现高效学习。

（四）中高职教育衔接的微观机制分析

从微观的角度看，中高职教育衔接主要体现在具体学校和专业的连接上，主要问题是如何做好中高职学校的不同专业在课程内容、教材、培养目标以及教学评价等要素之间的衔接，以确保学习者可以顺利地从中职教育过渡到高职教育。

[①] 余立. 教育衔接若干问题研究[M]. 上海：同济大学出版社，2003：92.

◎中高本专业一体化衔接研究

1. 衔接要遵循系统的目的性原理

相较于其他的教育要素来说，培养目标的衔接非常重要。社会系统在运行过程中应该遵循目的性原则，在社会系统中，所有功能都是为目标服务，从属于目标。[①] 对于教育系统来说，教育目标直接决定教育对象如何发展，指导并支配着整个教育过程。[②] 在教育教学活动开展的过程中，不同学校的培养目标不同，选择的教育内容、师资力量、教育评价方式以及教育资源等都不相同。从中高职教育衔接的角度看，培养目标的衔接引导着整个中高职教育衔接，并在一定程度上融合了中高职院校的专业课程、教育资源、教学过程以及教师力量等元素。只有做好培养目标衔接，才能进一步探讨其他相关要素的衔接。具体来说，中高职的培养目标应该具备递进性，中职阶段的培养目标应该为高职阶段的学习奠定基础，高职阶段的学习则应该进一步提高和拓展中职阶段的培养目标。各院校在制定人才培养目标的过程中，必须明确各自的培养目标及相互之间的关系，为其他要素的衔接提供参照。

2. 衔接要保障个体学习和成长的连续性

中高职教育衔接的重点是课程衔接。在人才培养的过程中，课程是基本素材，课程的复杂程度取决于教育层次的差别。中高职教育衔接离不开课程衔接，只有建立合理的课程衔接体系，才能保证中高职教育衔接效果。中高职教育衔接应该减少或消除两个教育阶段课程内容重复和断档问题，让学习者可以顺利地完成过渡。具体来说，中高职课程衔接包含两个维度，即范围与顺序，其中范围是指课程价值、课程内容、学习经验等，顺序是指把以上要素合理地排序，形成垂直

---

① [苏]阿法纳西耶夫. 系统与社会 [M]. 贾泽林, 等译. 北京：知识出版社, 1988：159.

② 颜泽贤, 张铁明. 教育系统论 [M]. 郑州：河南教育出版社, 1991：158-159.

的课程体系，主要涉及中高职教育能否有序衔接、相互作用。这两个维度涉及培养目标的实现途径和教育资源是否一致、能否共享，关系到学生的职业能力能否得到有效提升。

3. 衔接需要建立因专业、因院校而异的制度

院校协议可以为中高职教育衔接提供微观的制度保障。中高职教育衔接最理想的状态是学习者可以从中职教育阶段无障碍地过渡到高职教育阶段，并在此基础上实现教学资源共享。实现这一教学目标需要明确具体的教学方法和途径，让学习者掌握两个阶段的具体内容。各院校和专业之间的课程和学分应该可以相互融合、转换，各院校各专业之间的衔接应该更加微观，需要建立相关的制度和协议。例如美国在中高职教育衔接过程中，依据《帕金斯职业和应用技术法案》规定，通过合作、签合同的方式统一制定和实施不同层次的教学计划和教学大纲，确保学生可以获得学院的学分，并帮助学生明确学院的具体学习要求，实现中高职教育的无缝衔接，开展系统的学习。中高职院校的教育衔接协议可以让教育教学的衔接更加规范、流畅，可以让学习者明确哪些专业和课程能够相互衔接，并全面掌握衔接途径和方法。与此同时，根据实际情况签订的协议更具针对性，可以让中高职教育衔接更加标准化、规范化和人性化。

总而言之，从微观的角度来看，中高职教育衔接是指院校与专业的衔接，微观的机制可以这样表述：以中高职院校的衔接以及专业培养目标的衔接为主导，以课程衔接为核心，以院校协议为保障，并进一步实现中高职学校的对接，确保学习者学习的有序性、连贯性，促进中高职教育全面发展。[①]

[①] 王琪，任君庆. 中高职教育衔接机制的理论探讨 [J]. 高等工程教育研究，2014（3）：181-185.

二、中高职教育衔接的现状分析

我国中职教育和高职教育分属于不同层级,二者的相互融通与衔接是我国职业教育发展非常重要的一步。在相关政策的指导和保障下,中职教育和高职教育衔接在实践层面取得了有效进展。

1985年,国家教育委员会将三所技术专科学校合并,尝试开办五年制技术专业院校,三所技术专业学校合并之后,五年一贯制高职教育衔接模式开始在全国推广。但是从专科教育的本质来看,五年一贯制高职教育衔接模式具有不稳定性,再加上传统观念的影响,导致这种教育制度最终未能获得正式认可。随后,国家教育行政部门以试办高职和对口招生政策为基础,开始尝试进行中高职教育衔接。1997年,我国有22所学校推出五年制高职教育,一共招生5630人,在校生达到了13978人。到2002年,我国五年制试办高职院校增加至355所,全国在校生有25万人。虽然这类院校数量占高职院校总数量的30%,但在校生的比例并不高,只有3%左右。

在贯彻落实《国务院关于大力推进职业教育改革与发展的决定》政策的过程中,中高职教育衔接发展迅猛,北京、湖北等地区先后推动中高职教育衔接落地,并且取得了不错的效果。例如,广东省在2009年启动"中高职三二分段"试点工作,至2010年涉及18个相关专业,落地59所试点院校,招生人数达到了1万人;2011年,试点范围进一步扩大,参加试点的院校增加至100多所,招生人数突破2.16万;2012年,中高职衔接院校的规模再次扩大,增加至32所。江苏、浙江等地也纷纷开展中高职衔接教育,并取得了良好的成效。总体来看,虽然中高职衔接取得了不错的成绩,但仍然存在很多问题,离现代化职业教育体系还有很长一段距离。

三、中高职衔接的关键问题

对中高职衔接的实践教学进行分析可知,中高职衔接存在以下五个关键性问题。

第一,社会固有认知根深蒂固,不同教育层次的价值取向很难改变,对新型教育模式的关注度不足。在传统思想观念的影响下,职业教育一直被认为是"次等教育",导致职业教育的地位比较低,文凭的含金量比较低。在教育体系中,职业教育永远比本科教育的教育层次低,这种价值取向限制了职业教育的长效发展,对职业教育的吸引力造成了不良影响,使传统观念无法突破。

第二,专业和专业之间的衔接性和契合度都比较低,且缺少基础支持。中高职衔接必须做到专业对口,这一点直接影响着教育目标的设定和课程体系的连接。根据实际情况来看,中职教育及高职教育所属的部门不同,这两种教育的专业设置也很混杂,在一定程度上不利于中高职教育衔接。现行的中等职业学校专业目录是2010年新修订的,专业数由原来的270个增加到321个,其中保留专业126个,占总数的39%,通过更名、合并或拆分等衍生的专业110个,占总数的34%,新增专业85个,占总数的27%,从《原目录》中删除了22个专业,并列举了356个高职、198个本科继续学习的专业。高职的专业目录应对应中职教育的专业大类来设置,这样才能保障中高职的有效衔接,然而现行的高职专业目录仍是2004年修订并颁布的,目录分设19个大类、78个二级类、532种专业。可见,中高职专业目录设置的时间、名称各不相同,且专业设置的口径宽窄不一,专业名称、分类、要求也不规范,高职专业数量远大于中职专业数量,这使得中高职衔接的基础非常薄弱。

第三,国家对职业标准和就业准入制度缺少关注和支持。中高职衔接需要国家政策的支撑,从本质上来看,中高职教育属于职业教育,但是各高校在设置培养目标时存在层次差异，中职教育的最终目的是培养高技术人才，而高职教育的最终目的是培养更高端的技术人才。中高职教育衔接的培养目标应该合理，应该明确工作岗位的设定，这在一定程度上由国家职业标准决定，即根据国家制定的职业活动要求和活动内容而定，因为职业标准明确了从业人员的工作能力和要求。但是，从目前的情况看，我国的职业标准仍存在很多问题，无法全面指导中高职教育的衔接，也无法统一中高职培养目标。因为在国家职业标准制定过程中，相关行业和企业参与较少，且制定过程简单，没有明确的职业分类，所以国家职业标准需要提升实时性和权威性。《中华人民共和国劳动法》没有明确规定行业的"职业资格等级证书制度及就业准入机制"，规定的薪酬制度和职业资格等级证书制度没有建立相应的联系，所以企业在用工和支付报酬的过程中没有充分考虑人员的受教育程度和技能水平，导致中高职教育衔接遭到破坏。

第四，中高职的课程结构衔接错位，缺少内涵支撑。中高职衔接的核心是课程衔接，课程结构和内容衔接的有效性直接影响着中高职衔接的结果。从理论层面看，高等职业教育应该以中等职业教育为基础，根据专业设置中高职教育课程，实现专业对口、课程对应、内容区分及知识技能从浅到深。但从具体实践来看，中职院校和高职院校缺少沟通，课程体系不统一，教学内容及实践操作安排没有明确区分开来，特别是单招生基本都是根据专业类别和相近专业招生，课程体系错综复杂，存在课程内容重复、脱节以及浪费教育资源等问题。相关学者和专家对比分析了上海中高职衔接教育的发展状况发现，医学专业的重复率高达70%，工科专业的重复率是45%～55%。另外，各院校无法进一步明确和解决课程结构衔接错位的问题。

第五，中高职教育体系缺乏，导致职业教育无法实现可持续发展。从目前的发展状况看，职业教育的学制衔接存在问题，即职业本科教育无法突破教育屏障。2004年，教育部明文规定"专科职业教育不再升为本科教育",使得专科高职教育无法进一步提升和发展。很多高职院校都想升级学制,将学校升为四年制高职院校和五年制高职院校,但最终没有得到相应资格。正是学制体系的混乱和缺失,导致高职和高专的毕业生无法提升自己的学历层次,在一定程度上阻碍了中高职教育的衔接,导致人才培养目标很难实现,学生的发展受到不良影响,最终可能导致职业教育的可持续发展受阻。

四、中高职衔接的对策思考

为了保障中高职职业教育的顺利衔接和可持续发展,我们必须高度重视中高职教育的衔接问题,积极寻找有效对策。

(一)本于教育原理,提高全社会对职业教育类型价值的共识

实际上,教育的最终目的是促进人的全面发展。为了提升职业教育的社会价值,我国可以根据自身实际情况借鉴他国的教育理念,例如英国实施的"普教和职教文凭等值"教育理念,提升职业教育的社会价值;还可以加大宣传力度,让均等理念获得社会的广泛认可;提升职业教育劳动者的经济水平和社会地位,以此增强职业教育的综合实力和吸引力;给职业教育创造更多有利的条件,促进职业教育、普通教育及继续教育协同发展,给人们提供终身教育平台;倡导用人单位为职业教育的毕业生与普通高校提供平等的晋升机会和发展平台。政府部门应该增加教育投入,发布更多利好政策加大对高职院校的支持,提高科研能力和教研能力。从社会的角度看,我国应该转变以往的"精英教育"观念,提升社会对职业教育的认可;职业教育自身应该明确定位。只有全社会共同努力,自愿接受和认同职业教育,才能提升职业教育的魅力,促进中高职教育的可持续发展。

（二）科学配置教育资源，提高中高职专业设置衔接的契合度

各院校在设置专业时，应该根据实际情况设置对口专业。另外，中职院校的专业设置应该针对具体的职业，应该根据具体的职业岗位设置对口专业，专业划分应该更加细致；与中职院校专业不同，高职院校专业设置主要针对岗位群，对专业的划分比较粗略，涉及的知识面也比较宽。从教育资源科学配置的角度看，高职专业的设置应该结合中等职业学校的专业，并在此基础上进行横向拓展及纵向延伸。

2010年，国家对中职院校的专业目录进行修订，从政策的连续性原则来看，国家在短期内不会再对中高职院校的专业设置进行大幅度修订。由此，高职院校在设置专业的过程中只能在中职教育的专业基础上配置相关专业，并进一步提升中高职教育的衔接性和契合度。高职院校还应该根据人才培养规律构建专业衔接机制。在设置新专业的过程中，各职业院校应该根据实际情况，依据区域内经济发展情况和人才培养模式，以及人才需求构建合理的培养体系，并对人才培养体系进行科学论证。中高职专业衔接需要以专业群的形式拓展衔接渠道，进而增强中高职教育的衔接性及兼容性。

（三）完善国家职业标准，实行行业就业准入制度，为中高职衔接提供制度保障

中高职衔接的外在需求是进一步改革和完善我国的职业标准和就业准入制度。国家应该把职业标准的制定提升到国家战略发展的高度，在制订相关标准时应该综合行业、理论界的意见和建议，提升职业分类水平，与国际职业分类标准进行对比，提升国家职业标准的权威性，并在此基础上形成动态化、精确化的职业标准制定流程，为培养职业教育人才制定合理的目标。从劳动、社会保障部门的角度来看，技能型岗位应该严格执行准入原则，并成立行业协会，进一步界定和规范

本行业的技能等级报酬参考标准及职业技能等级鉴定标准，鼓励企业员工养成终身学习理念，接受职业培训及职业教育，构建相应的资格聘用机制，提升技能型人才的社会待遇，实现中高职教育的有效衔接。

（四）做实课程衔接，推进中高职微观衔接与内涵发展

中高职教育课程衔接必须以专业相近和专业对口为基础。根据职业教育人才培养规律、目标和定位，中高职院校应该与行业协会、企业、课程专家等协作，深入研究和发展课程体系，系统化地构建中高职课程体系，在设置专业课程时遵循由浅入深、不断提升的原则。中高职教育课程衔接还应该进一步明确各个职业各个岗位对工业能力的要求，明确一般技能人才、高级技能人才的差异性，依据知识要求、能力要求、素质要求确定课程内容，并制定统一的课程衔接标准，明确科学、合理的实施途径和教学顺序，避免课程内容重复，增强课程衔接的逻辑性、整合性及连续性。中高职教育的课程设置应该有所区分，其中中职教育应该关注基础知识学习和职业素养，高职教育应该在理论与实践的基础上进行创新，全面提升学生的知识水平、技能水平和综合素质，培养综合性的高技能人才。

（五）构建科学体系，搭建现代职业教育发展的"立交桥"

全面、完善的中高职科学体系构建离不开学制改革，中高职院校应该以满足现代产业发展需求为目标，构建中高职融通，高职、本科、研究生衔接的人才培养体系，搭建人才成长的"立交桥"，让职业教育发展迈上一个更高的台阶，进而打造一套中专、大专、本科、研究生有序衔接的教育体系，以增强和扩大职业教育的社会影响力，进一步满足社会、家长以及用人单位的需求，提升职业教育的魅力，促进

学生实现可持续发展,进而推动中高等职业教育实现可持续发展。①

第二节 职业教育高本衔接研究

随着产业的转型升级,社会对技能型人才需求层次提高,并且由于社会上对职业院校毕业生存在偏见,故不少企业在招聘人才时拔高学历要求,着重招聘本科层次的人才,当前高职学生接受更高层次学历教育的意愿也更强。《国务院关于加快发展现代职业教育的决定(国发〔2014〕19号)》指出:"采取试点推动、示范引领等方式,引导一批普通本科高等学校向应用技术类型高等学校转型,重点举办本科职业教育。"《现代职业教育体系建设规划(教发〔2014〕6号)》指出:"拓宽高等职业学校招收中等职业学校毕业生、应用技术类型高等学校招收职业院校毕业生通道,打开职业院校学生的成长空间。"自2010年开展中高本衔接以来,广东省经过多年实践,已经收到较好效果,而高职本科衔接刚开始进行探索。为做好高本衔接的教育改革,有必要深入分析当前高本衔接中需要解决的关键问题,给高职学生提供更多向上成长的机会。

---

① 孟源北.中高职衔接关键问题分析与对策研究[J].中国高教研究,2013(4):85-88.

第三章　中高本专业衔接的理论认知

一、高本衔接的现状及存在的问题

（一）各地积极探索高本衔接的模式

从实践层面来讲，我国各个地区、各个高职院校已经开始普及高本衔接模式，如广东高职院校的学生可以通过"三二分段"（即在高职学校学习三年，而后转入本科学校学习两年）、专升本和专接本三个渠道来进入本科学校学习。其中，在"3+2"的人才培养模式中，高职学生在校学习满5个学期之后，需要在第6个学期参与转段选拔考核（该类考核往往以高职升本科为目标，并且预期考取的本科专业与学生的高职课程学习属于对口关系），顺利通过考核的学生才能接受为期两年的本科学习，达到本科毕业要求的学生才能拿到本科毕业证书和学位证书。在校学习期间，高职学生通过自学考试来获得本科学历的过程就是专升本。专接本与专升本存在本质不同，需要在校高职学生参加全省统一的专接本考试，在高职学院就读期间或临近毕业期就需要在本科学校进行学习，直到获得本科学历。

作为学历提升中应用比较广泛的两种方式，专升本与专接本的竞争异常激烈，在海量具备升学意愿的学生中，只有小部分学生能够成功"上岸"。近年来，"三二分段"模式部分试点得到了实施，在当前高本衔接改革工作中发挥着重要作用，但因为起步比较晚、发展速度比较慢，使得这种方式没有得到广泛普及与推广。在广东，很多地方本科高校均可开展应用型教育，而高职学校在与其签订人才培养协议方面也拥有极大的主导权。当高职学校与这一类型的地方院校签署了合作协议后，地方学校就需要履行向高职学生提供"3+2"分段学习服务的责任。从长期视角来看，未来高本衔接将沿着"3+2"分段模式发展。

（二）试点开展高本衔接专业，要求应用型本科学校转变人才培养理念

职业教育需要对学历结构进行"中职—高职—应用型本科—专业学位研究生"的优化，以此来适应职业教育学历体系的构建需要。当前，中职到高职的学历提升工作开展良好。为了更好地提高高本衔接工作的整体质量，在广东省教育厅的安排和指导下，高本衔接已经在部分本科试点学校逐步试行开来，然而真正具备试点工作开展能力的院校和专业较少。相关数据表明，从人才培养理念来看，高职院校与本科学校存在本质区别，尽管通过全面推进职业教育改革工作，高职院校办学的优势、独特性已经十分突出，但这种改革成效与应用型本科学校改革工作的起步状态之间存在着极大矛盾。一直以来，从人才培养理念的角度看，学术型人才培养是本科院校的重点工作内容。在国家推进应用型本科教育工作转型的相关要求指导下，大多数地方本科学校已经开启了向应用型本科学校、职业教育的转型之路。在这个过程中，学校要对办学理念进行变革，特别要借鉴高职院校的办学理念与成功经验，重点培养学生的实践应用能力，以应用型人才培养观念来指导本科院校向应用型本科教育的转型过程。

（三）开始注重高本专业课程的衔接问题

课程学习是学生专业学习的最终落脚点。得益于长时间的教学改革，高职学校的专业课程体系初步形成，但受到差异化办学理念的影响，高职院校与本科学校的办学相互独立，缺乏充分的沟通交流，在设计课程体系方面差异性较为明显，也不可避免地会重复设置同一专业课程，在一定程度上影响了专业课程高本衔接的整体质量。在这种情况下，梳理并重新设计高职阶段和应用型本科阶段的课程具有客观必然性，具体来讲就是要以人才培养目标由低到高的分级划分为依据，对高职

阶段和本科阶段的课程体系进行优化。现阶段，招生学校试点学校在优化课程体系方面已经进行了有效探索，初步摸索出一条高本衔接课程一体化的创新道路。但整体上来讲，高职教育与本科教育之间并没有建立高效紧密的衔接关系，这也就意味着中高职学校必须投入更多的精力、人力、物力和财力，来研究实现高职教育、本科教育课程体系有机衔接的重要方法。

二、高本衔接需要解决的关键问题

（一）培养定位的问题

各阶层人才的培养标准、培养目的、具体要求和层级细分等内容的确定，很大程度上取决于人才培养的整体定位。所以，想要整体提高高本衔接的效率和质量，首要任务就是确保高职和应用型本科学校人才培养定位。具体来讲，高职院校是为社会建设输送技术技能型人才的基地，所以其人才培养应当遵循"夯实基础、锻炼技能、发展应用思维"的基本原则，强调培养学生的职业素养和职业技能，以更好地满足社会生产、社会服务、社会管理和社会建设所提出的人才需要。应用型本科学校的人才培养方向与高职学校存在明显不同，强调对高级应用型、复合型优秀管理人才的培养，所培养的学生必须具备较强的问题处理能力。为此，应用型本科学校在人才培养过程中需要落实理论与实践有机结合，全面提升学生创新精神和可持续发展能力的要求。从毕业标准和就业岗位的角度来讲，高职学生和应用型本科学生也存在着很大区别。所以，高职和本科阶段人才培养目标的确定，应该将体现职业岗位分层要求视为首要标准。

（二）课程体系衔接的问题

对培养定位进行具体落实的过程就是课程设计，高本衔接在对课程体系进行设计时，应当严格遵循高职和本科阶段的人才培养目标。具体来讲，高职和应用型本科学校对学生职业能力高低有着不同的要求，因此在课程设置方面也要综合考量这一要求，集中体现不同阶段对学生应当掌握的知识与能力的差异化要求，并基于合理化的分工来连接高职学校与本科学校，避免重复浪费现象发生。为此，职业教育工作者需要做好调研工作，对企业提出的高职和本科毕业生需要具备的岗位能力要求进行深入了解，从而夯实高职和本科阶段课程设计的基础，使高职和本科课程设置方面的混乱现象得到有效解决。

（三）本科院校师资实践能力的培养

就现实情况来看，经过长时间的改革尝试，高职教育的成果已经十分显著。在这种情况下，传统本科院校需要积极进行创新改革，以促进"高本衔接"更好地实现。以前，科研是本科学校教师的工作重点，理论化的教学方式在一定程度上限制了教学质量的提高。针对这种情况，应用型本科阶段的教育应当转变人才培养模式、教师教学观念和教学模式。应用型本科学校的教师应该成为人才培养的执行者，如果教师缺乏较高的实践能力，就无法培养学生的实践动手能力。

（四）应用型本科对高职学生招生的问题

高职学生借助怎样的渠道来实现在应用型本科学校就读的目标，这是高职学生招生选拔范畴的重要内容。纵观现阶段的招生方式和招生形势，高职学生普遍存在学历提升需求，但并不是所有人都可以达成接受本科教育的标准，这就需要应用型本科院校健全对高职学生的招生机制，为高职学生顺利进入应用型本科院校学习，顺利实现高本衔接提供更多机会。

三、做好高本衔接的对策

（一）积极做好政府政策的引导和落实

中职教育与高职教育的有机衔接是构建现代职业教育体系的重要保障，而国家相关部门的政策扶持对现代职业教育体系构建的质量和所能发挥的作用非常重要。尽管相关教育管理部门相继制定和实施了诸多政策，但这些政策的发挥需要省市在相关措施方面给予必要的支持，从而夯实高本衔接的基础。现阶段，中职院校和高职院校始终是我国职业教育的主体，但高职学生想要实现自我价值和自我提升却缺乏多元化渠道的支持。为此，一方面，地方教育管理部门需要适时扩大高本衔接招生规模，如鼓励应用型本科学校酌情扩招优秀的高职院校学生，为高职学生的自我提升和自我价值实现提供支持；另一方面，政府需要完善相关政策和举措，如以促进高职教育发展为目标来引导高职院校与本科院校开展协作育人，或者以构建更为密切的新型校企合作关系为目标来健全校企合作方法和制度。

（二）构建区域职教集团，在区域职教集团内有效开展高本衔接

区域化是职业教育的显著特征，尤其是对于地方职业院校和应用型本科学校而言，培育高素质人才以更好地服务于区域社会经济发展是其教学使命的根本体现。长期以来，高职院校、本科学校的发展始终处于独立状态，并逐渐探索出了具有学校特色的发展体系。在中高衔接和高本衔接的教育形势下，不同层次的职业院校所面临的挑战也有所不同，这也就意味着各级职业院校必须从根本上改变以往孤立发展、各自为营的思想观念，增进彼此之间的合作交流，实现协同发展。

具体来讲就是政府牵头建立涵盖企业、应用型本科学校、高职学校、中职学校在内的区域职教集团，提高集团内部的协作效率，对中高本衔接过程中存在的问题进行解决，并对企业的人才需求进行深入了解和全面把握，以此来支撑高本衔接课程体系的构建。在专业设置上，高职院校要以区域内产业发展需求为重要参照，以促进产业导向型高本衔接职业教育体系的形成。从制度层面来讲，要健全区域职教集团运作机制，以保障区域职教集团内部校企合作有序、高效地开展。

（三）科学设计高本衔接的课程体系

在合理设计高本衔接的课程体系以更好地保障职业教育衔接方面，我国可以借鉴发达国家比较成熟的职业教育体制，如核心阶梯式综合课程衔接法（德国）、教学单元衔接制度（英国）、教学内容"培训包"资格证书制度（澳大利亚）、综合课程教学大纲衔接法（美国）、课程标准分类衔接法（法国）等。

从执行层面来讲，我国需要设立涵盖高职学校、应用型本科学校在内的高本衔接专业实施团队，依据"调研社会需求—归纳职业方向—提炼专业技能点—细分人才层次—界定高本人才培养—归纳学习内容"的方法论来搭建人才培养框架。在对企业相关岗位从业者由低到高的岗位需求进行实地调研的前提下，客观、全面地分析典型岗位职业活动与能力结构，并对高、本两个阶段需要具备的知识与能力进行科学设计，对高本衔接人才培养方案进行系统设计，对高本衔接的课程体系进行分阶段设计。

课程设计要遵循"知识重复现象有效避免、课程深化与拓展高效推进"的核心原则，例如为了夯实基础，高职阶段可以采用金字塔形的课程体系，到了应用型本科阶段可以采用"倒三角型"课程体系，以进一步扩展、延伸和深化高职教育阶段的课程基础。或者高本衔接一体化课程设计可以应用"3+2""2+1+1"的模式，前者包括3年高职阶段教育、2 年本科阶段教育，后者包括 2 年高职阶段教育、1 年本科阶段教育以及 1 年的企业实践。

（四）建立高本衔接的考核招生制度

省教育管理部门应当充分满足高职应用型本科学校更为多元、更为丰富的招生渠道需求。在招生选拔方面，应用型本科学校要对以往重理论文化考试的选拔观念和方式进行改革，以当前较为优秀的中高衔接招生模式为参照，通过将招生模式向自主招生等方向延伸，通过理论知识考核和实践操作评估相结合，使其自主选择招生考核方式的权利得到充分发挥，同时保障高职学生在应用型本科院校内正常的学习活动。此外，高职应用型本科学校招生还可以参考保送的招生方式，也就是在高职院校推荐下，在省级、国家级职业技能竞赛中获得荣誉的学生，可以获得入读应用型本科院校的资格。同时，经过四个学期的系统学习之后，应用型本科院校还需要以分流、转段为目的来考核高职学生，学生只有顺利通过考核才可以成功就读，可以通过参与高职学校组织的本科阶段衔接课程学习来替代顶岗实习。另外，应用型本科学校与高职院校还要建立"学分银行"制度，因为，很多高职学生在高职教育阶段已经学过部分课程，并获得相应的学分，如果缺乏"学分银行"制度的监管，就会使高职学生在应用型本科院校重修已学过的内容，造成教育资源的浪费。

（五）共享共建实践教学基地，加强职业教育教学团队的构建

各个学校的资源积累存在明显差异，所以各自建立的校企合作基地也各具特色。对于本科学校和高本衔接的高职院校而言，他们可以对企业实践教学基地进行共享共建，尤其是与龙头企业合作构建的实践教学基地，根据企业对人才的需求和要求来开展学生实践能力培养

活动。实践教学基地的设立既可以用于教师实践能力的培养，也可以用于学生实践能力的培养。因为只有不断提升教师的实践能力，学生在开展实践活动的过程中才能受到更为有效的指导。具体来讲，学生参与实践活动的场所，可以是企业，也可以是高职学校或本科院校搭建的校内实践基地。另外，在职业院校的邀请下，企业的优秀人才也可以定期到校分享实践经验、共享教学资源，在提高职业院校教师专业化水平的同时，实现双方的共同成长。

在建立我国现代职业教育体系，实现高等职业教育人才团队可持续发展方面，有效开展高本衔接工作同样至关重要，而这需要充分调动多元主体参与，使学生、企业、学校和政府形成合力。为此，我们需要进一步探索基于中高衔接的良好成果来实现高本衔接空间深入拓展的方法，以此为"中职—高职—应用型本科—专业学位研究生"现代职业教育学历架构建设做好铺垫，更好地适应高等职业教育全面发展的需要。

第三节　中高本专业衔接的内涵及实施现状

一、中高本衔接的现实需求

构建中高本衔接的现代化教学体制，既是高职院校发展的需要，也是高职院校与国际职业教育发展趋势相适应的重要措施。中职教育与高职教育、本科教育相结合的教育思想，既是适应我国工业结构调整、技术革新的现实需要，也是进一步健全人才培养体制的实际需求，符合促进人才可持续发展的实际需要。

（一）产业结构升级和技能创新的现实需求

在科学技术飞速发展的当今社会，知识经济对人才的职业技术水平要求越来越高，而人才职业技术水平的高低则深受人才培育方式的影响。从目前的就业状况看，社会整体就业状况并不理想。相关数据显示，2013年，我国18周岁以下人群平均受教育时间为9年，与国内九年义务教育水平持平，与世界其他国家相比存在较大的差距。此外，为了使人才掌握的专业技能与社会发展要求相适应，解决人才思想观念落后、行为错位、供需过剩等问题，使广大受教育人员免除就业困扰，推动社会整体的产业结构升级和技能创新显得极为必要，而产业结构升级和技能创新需要人才的支持。2008年以后，随着经济的快速发展，社会整体的人才需求量呈上升态势，2015年社会的人才需求比例达到了1:1:12，而且大学生就业难、就业满意度不高、高技能专业人才短缺等问题日益突出。虽然我国高等职业教育每年都会向社会输送大量人才，但由于这些人才缺乏专业理论基础和创新能力，无法满足社会对人才创新能力、职业素养以及可持续发展能力的需求。

（二）进一步完善人才培养体系的现实需求

完善的人才培养体系，是培养适应社会变革、适应市场需求的高职业技能人才的基本保证。《现代职业教育体系建设规划（2014—2020年）》中提出："我国职业教育需形成适应发展需求、产教深度融合、中职高职衔接、职业教育与普通教育相互沟通，具有中国特色、世界水平的职业教育体系。"从当前的情况看，我国已经初步形成了规模较大、比较完善的职业教育体系。但是，不同类型的办学主体在办学特色等方面难免存在差异，这使得部分高职院校无法实现全面的教学改革。目前，我国高等专科学校实施本科教育的硬件和软件条件还不够完善，所推行的办学模式以及在专业设置、师资建设、人才培训等方面所推行的方案，都无法满足社会对技能人才专业素质提出的较高要求，培养的人才基本理论知识水平比较低，难以适应当今社会经济发展的需要，也无法适应我国不断健全的教育体制。

（三）促进毕业生可持续发展的现实需求

现代高职院校培养的人才既要满足市场需求，又要考虑到毕业生自身的发展需求。我国职业技术学院每年的毕业生数量接近两百万，就业比例超过95%，大大超过了目前大学生的就业水平。职业技术学院的毕业生在职业技能、职业素养等方面的表现均优于普通高校毕业生，相较于高职院校的毕业生来说，高校毕业生的专业技能水平较低，对其职业技能的进一步发展形成了一定的制约。职业技术学院毕业生的可持续发展问题既是单纯的工作问题，也是关系到毕业生未来成才情况的重大问题。当前，一些职业技术学院的毕业生普遍存在着理论基础薄弱、实际操作技能有待提升等问题。为了增强高职院校毕业生的职业道德素质与专业能力，应促进高职教育与中职教育、本科教育相融合，应该将中职院校、高职院校、本科院校的教学方式有机结合在一起，促进职业教育由"终点站式"的教学方式转变为具有"过程式"教学特色和"就业优势"相结合的教学方式，这样的人才培养方式才能与毕业生的可持续发展相适应。

二、中高本衔接的内涵及节点

（一）中高本衔接的内涵

中职教育与高职教育、本科教育的结合，主要采用全日制教学进行人才的持续教育。目前，我国已经初步形成了中等职业专科院校、高等职业学院和高等院校等多层次院校分布的职业教育体系。按教育类别，中高本衔接可以划分为高职教育与职业教育、专业教育衔接，即职业教育与普通本科教育、不同类别教育的人才培养衔接，包括中等职业教育、高等专科职业教育与普通本科高等教育的衔接。按教育阶段，中高本衔接可以划分为中等职业教育、高等职业教育和本科职业教育三个阶段的衔接，主要包括中职教育与高职教育的衔接、高职教育与本科教育的衔接。

（二）中高本衔接的节点

中职院校、高职院校和高等院校是职业教育的经典分科，这三种类型的教育在人才培养模式、人才培养目标和人才培养标准方面各有特色。高等院校在人才培养方面具有较强的理论性、研究性和实践性，注重个体的全面发展与综合素质的提高。职业院校在人才培养方面具有较强的针对性、实践性、应用性和理论性，重在培养学生良好的行为方式和实践应用能力。

实现中高本衔接的重点在于建设高校应用教育系统。高职高专院校注重培养知识型人才，在教学实践中主张理论与实际的结合，重点关注学生的知识基础。应用型高校与普通高校在教学体制方面存在显著差异，这种差异主要体现在应用型高校普遍重视学生实践能力的培养与训练，主张重点增强学生的应用能力和实践能力。高职院校根据应用技术专业的人才培养特征，主张培养兼具知识性、研究性、应用性和技能性的人才。因此，提高高职院校应用性本科的教学质量，既是高职院校高本衔接的内在发展需要，又是高层次技能型人才提升研发能力、实现职业岗位升迁的外在发展需求。与此同时，为了彰显职业教育的特点，健全高职院校的专业教学体制，国家颁布了《全国高职院校改革实施纲要》，明确了高职院校进一步深化体制改革的必要性，提出了"开展本科层次职业教育试点"要求。该文件发布后，国内22所高职院校先后分三批晋升为高等专科学校，旨在为高等技术和技能专业人才提供科学指导。高职高专院校的办学规模不断扩张,从事高职教育的专业团队不断发展壮大,高职院校的办学特点日益突出,高职高专人才的培养目标与定位日益清晰。中高本衔接的节点问题充分说明高职人才的培养关键在于技术,而非知识、学历等其他影响职业教育的因素。

三、中高本衔接的现状

中高本衔接是当前高职院校改革的必经之路,不仅影响着高职院校的整体教育水平,还影响着高职院校各个阶段的发展。近几年,各地都在探索中高本衔接的现实途径,下面对中高本衔接面临的发展状况进行具体分析。

(一)人才培养目标定位逐渐合理但侧重点不同

在中高本衔接阶段,高职院校的人才培养目标逐渐趋于合理,但是侧重点有所不同。为地方和企业培养应用型专业技术人员是高等职业技术学院的办学方向,因此职业教育的人才培养目标是培养具有一定职业技能、实践能力和职业素质的应用型人才。高等院校过分强调科研功能,忽略了为学生提供服务的基本职能,将自身的职能与科研型高校混为一谈。与这种高等院校形成鲜明对比的是,高等职业院校通常"低人一等",因而产生了职业教育错位,专业教育过度发展的问题。在重点高等院校的发展方向上,硕士点、博士点和在职人员学术论文的发表率成为评判高校科研实力的重要指标,但由于职业教育与本科教育在办学定位和办学目标方面存在差异,导致跨部门沟通的难度较大,部门与部门之间无法顺畅地进行联系。在实践中,一些高校在实施培训计划时没有充分考虑到职业教育与本科教育的异同,导致高职教育理论知识不系统、实践应用不规范等问题频繁出现，影响了中高本衔接的平稳程度。

（二）试点专业与各区域经济特征的匹配度不高

高职院校实施职业教育的基本思路是培育符合地区需要的技术型、技能型人才，所以高校需要根据地区的发展趋向，选择具有较高技术含量并且与产业关系密切的试点专业。然而，就目前的发展情况而言，一些高校在选择试点专业时，更多地关注专业发展的历史积淀和已经取得的成绩，选择将省、市重点专业作为试点对象，忽略了地区发展特征，从而阻碍了当地特色产业的发展。因此，在职业教育方面，国内的试点院校虽然发展迅速，但是与地区经济发展并不适应，培养出来的技术人员无法为本地的经济发展提供有效支持，从而造成了人才的大量流失。而当地新兴产业需要的技术人员则变成了稀缺的人才资源，导致当地经济发展步伐放缓。

（三）培养模式不同，实践与理论各有侧重

高职院校与培养应用类专业人才的高校在办学目标方面存在着显著差异。职业技术学院主要面向市场培养人才，在人才培养方式上主张采用"工学合一"的教学模式。该教学方式可以为学生提供大量的实习机会，并且能够提高学生的实践技能。应用类高校的专业建设以专业为导向，以专业基础课、专业必修课和专业选修课为主，形成稳定的人才培养模型。该模型将职业知识与公共知识、必修课程与选修课程有机结合起来，可以为学生的职业发展提供强有力的保障，但在引导职业教育的发展方向方面存在着不与企业协作的问题，导致毕业生实际操作水平不高，为今后的职业发展埋下隐患。

（四）教师要求不同，"双师型"与科研型各有侧重

高职院校与应用型高等院校在教学观念方面存在差异，对师资条件提出了不同的要求。高职院校更重视师资队伍的培养，主张吸纳"双师型"教师为教学工作服务，并对教师的专业素质提出了特殊要求。应用型高等院校更注重教师的学历水平和科研能力，虽然并未设定"双师型"标准，但要求教师的学历水平和学位条件必须符合指定要求，而且更看重教师的科研水平。

四、中高本衔接的策略

中高本衔接策略一方面是指学校衔接、学历衔接，另一方面指的是人才培养与定位的衔接、试点专业与当地经济发展衔接、人才培养一体化衔接、专业与特定的教学技能衔接。为此，高校应该从内部连贯性的角度入手，探索相应的改进对策。

（一）确立一致的人才培养和办学定位，凸显办学层次上的差异

高等职业院校以各类职业应用技能培养为主体，而应用型高校则以高等应用型人才的培养为目标。立足人才培育方案与办学定位，转变办学理念，培育应用水平较高的专业技术人员，是高等职业院校的人才培养目标。高等职业院校要重视学生理论知识的实际运用情况，确保中高本衔接拥有清晰的等级规范，形成清晰明确的人才培养方案。只有确立清晰的教育目标，才能确保高、中、本三个阶段实现有效衔接，才不会导致教学内容重复和缺失。例如应用型高校和高等职业院校都以高级工程师为主体开展教学活动，可能会产生技能重叠的问题，容易导致技术人员数量过多。

在具体实践中，高等专科院校的工程技术人才与应用型人才的培养方向应该存在一定的差异。应用型高校应该注重产品性能的改进与

产品应用的革新，或者是新技术的开发，重点是改造工业流程，提高产品质量，开发新的应用。高等职业技术学院培养的人才主要负责流程操作、技术应用、产品试运行等工作。因此，中高本衔接的教育定位应该统一，需要依据不同的教育目的明确办学定位，并彰显不同办学层次存在的差异。

（二）设置与经济发展相适应的专业，确保符合经济发展的需求

高等职业院校的职业教育和应用教育重点在于适应当地经济发展的模式和结构特点，为当地的经济发展提供专门的服务。高职高专、应用型本科院校要及时掌握经济发展政策、地方经济发展动向和市场结构的变化情况，及时发现新兴产业、朝阳产业，并进行大胆的分析和预测，设置相应的专业，并确定相应学科的发展方案，以满足当地经济发展需要。在学校推行的特殊教育中，教师应该密切关注社会当前的热点问题，掌握新科技的研究与发展趋势，将专业最新热点和创业指导思想引入课堂，使学生对所学专业形成较为完整的了解，为以后的工作奠定良好的基础。

在教育实践中，学校要定期开展调查，探讨职业发展动向。教师可以在课堂上组织一些与专业有关的辩论赛，引导学生了解自身所擅长的领域，也可以从市场的角度出发，引导学生思考未来的职业发展方向。总之，高等职业教育想要与职业教育实现有机结合，必须顺应时代发展潮流，认清新的经济特征，积极响应国家的经济发展方针，培养能够适应时代发展需求的技能型人才，确保毕业生的就业率和就业满意度维持在较高水平。

（三）构建一体化的人才培养模式，形成产学合作的文化氛围

整合培养目标、培养方式与实习一体化是构建新型人才培养模式

的基本路径。在培养对象方面，高职院校和应用型高校均应该以培养实践型人才为目的，只是二者在办学水平和教育观念方面存在差异。不同专业的学生在学习取向方面存在差异，即使学习性质相同，将来的工作方向也无法并轨。为此，高职院校必须综合设计人才培养层次。在人才培育模式上，高职院校和应用型高校应该做到互联互通，采用工学结合、校企合作等模式，在传授基础知识的同时指导学生开展实践活动，使学生具备特定的专业技术水平，并能满足社会发展需要。

随着实践水平的提高，人才培养难度也越来越大，而社会对技能型人才的需求正呈现出递增趋势。为了防止资源浪费，教师在准备教学方案时必须进行集成化设计。例如从初级阶段开始，先是进行简单的工程学知识训练，再到高级阶段的工程学实务，然后到实际操作，包括产品设计、产品性能改造等。整个实习流程必须循序渐进，从总体上进行资源整合。这种整合型教学模式可以营造出"产学协作"的良好氛围，帮助学生增进对所学专业的认识与了解，并指导学生形成清晰的职业生涯规划。同时，教师要明确教学目的，最大程度地激发学生的职业激情；学院则可以根据行业发展需要开设专门的课程，并与企业建立长期合作关系。

（四）以行业标准进行机构设置，对教师教学进行指导和考评

中高本衔接应当设立就业领导小组，该小组应该与企业招聘主管联合，从教育观念出发加强对学生进行就业培训，以企业为主体，组织就业指导和培训活动，增进学校与企业之间的协作，制订学生培养计划和专业构建计划等，并将培训计划交由专业辅导小组进行定期审查，以保证培训计划与企业发展和高职院校的专业标准相一致。与此同时，中高本衔接还应该设立教育督导小组，制定专业技术人员培训规范，在遵循产业规范的基础上开展相关课程实践活动。当教师所讲授的课程与业界规范不符时，应当进行适当的修改或禁止开展类似活动。

"双师型"教师是高职院校对教师的统一需求,对于不符合这一要求的教师,高职院校要进行再教育。为此,高职院校要加强教师评价,将教师评价结果与教师薪酬、职称晋升挂钩,只有如此,"双师型"教师队伍的价值才能得到充分开发与利用。此外,高职院校还可以聘请企业的工程师和技术指导人员定期到校内开设讲座,并进行实践操作示范,以提高学生的专业技术水平。[①]

第四节 中高本衔接政策发展与地方实践

一、中高本衔接实施政策演进

(一)政策形成期

早在1985年《中共中央关于教育体制改革的决定》就提出了要"逐步建立职业技术教育体系";1999年《实行按新的管理模式和运行机制举办高等职业技术教育的实施意见》,提出在推动高职院校大发展的基础上,又强调了以招生方式加强中高本衔接的政策,以加快中高本衔接发展步伐。

(二)政策发展期

随着国家普通高校扩招的影响,职业教育迎来大的发展机遇。《国

[①] 张红蕊,唐志远.职业教育中高本衔接的现状与发展策略[J].教育与职业(上),2017(10):31-35.

务院关于大力发展职业教育改革与发展的决定》，提出要建立职业教育人才成长"立交桥"；2005年教育部印发了《关于加快发展中等职业教育的意见》，拉开了中等职业教育扩招的序幕，但2007年《教育部关于进一步做好高等学校各类招生管理工作的通知》，强调中职教育回归"就业导向"，对招收中职生、五年制高职、普通专升本等以5%招生计划实施了"中高本衔接"压缩。

（三）政策推广实施期

关于职业教育，国家已经发布了一系列文件，相关政策也已经贯彻落实，职业教育体系化建设已取得一系列成果。2011年，北上广等省市的高职院校联合开展招生活动，首次开始尝试中高职衔接，与此同时，河北、辽宁、天津等省市的高职院校也开始与普通高校合作，开展专科和本科联合办学；2012年，湖北和辽宁率先开展技能型高考，让中职教育、高职教育和普通教育之间的联系更加密切，引起广泛反响。从此以后，中职院校、高职院校和本科院校之间的合作更加紧密，共同开展联合办学，扫除了体制障碍，得以切实落实，迎来了新的发展契机。

二、北京、上海、广东中高职衔接政策及其实施

2010年以后，很多地区响应国家政策号召，开始探索和实践中高职衔接的制度，这是十分积极有益的尝试，使中高职衔接的范围不断扩大。本书研究了北京、上海、广东三个省市的中高职衔接政策、衔接的形式、规模、特征等，并将三者进行对比。

（一）北京市中高职衔接政策及实施情况

1. 中高职衔接及中本衔接政策

2012年4月，北京市教委发布相关文件，要从中高等职业院校中挑选一批高质量、高水平的学校，开展"3+2"模式，将这些学校作为中高等职业教育衔接办学的试点单位。"3+2"试点班的学生必须严格按照教学计划要求学完相应的课程，成绩合格之后就可以参加高职院校组织的转段考试，这是被列入当年自主招生计划内的，淘汰率不会太高，学生通过考试后就会被相应的高等职业院校录取。学生要先学习三年的中职课程，获得相应的中职毕业证；然后进入高职学院学习两到三年，毕业后可以获得高职或大专毕业证。

北京在2014年开始尝试"5+2"或"3+2+2"的培养模式，中职和高职衔接贯通。根据不同的招生主体，中高职贯通培养可以分为两种模式，分别是"高职院校招生"和"中职学校招生"。高职院校招生模式是学生需要接受两年的文化课教育，院校与示范高中携手合作，共同培养，接下来的三年，学生要学习专业课程和职业技能，然后再学习两年的本科专业课程；中职学校的招生模式是学生要学习三年的基础文化课程和专业课程，然后在市属高校学习两年有关职业教育的课程，如果是护理专业，则要延长一年，最后学完两年本科专业课程。衔接培养有提招和统招两种招生方式，二者都有一条最低录取分数线；贯通培养的培养方式主要有内培班和外培班。内培班主要是统招的考生，学习的最后2年，与国内本科高校对接；外培班是提招的考生，最后两年要与国外高校对接。根据规定，衔接培养的学生只有通过专升本考试才能接受本科教育，这一过程分成不同的阶段，每一个阶段都要考核。如果学生连第一阶段的考核都没有通过，就需要回到中职学校学习；如果通过了第一阶段的考核，就可以进入下一阶段的学习。

2. 中高职衔接及中本衔接形式与规模

北京市从最初的17所试点院校、10个试点专业、800人的招生规模,增加到2015年50所试点院校、82个试点项目、招生规模达到3281人,为2012年的4.1倍。2017年新增32个衔接试验项目,实现学校覆盖面60%、专业覆盖面80%、学生覆盖面70%。2018年,试验专业布点达282个,占北京市专业布点总数的44.9%。北京"3+2"中高职衔接是北京市试点最早、规模最大、影响最广的中高职衔接模式。

北京2014年开展了护理实验班"3+3+2"贯通培养,由首都铁路卫生学校和首都医科大学共同协作完成。2015年,中高本衔接培养进一步发展和完善,高端技术人才贯通培养也开始实施,其中最早开始的是学前教育和基础教育教师培养,人才培养的项目随着学校和企业合作的深入而不断增加。2018年,大批院校被吸引参与进来,试点专业得以不断完善,北京的中高本衔接模式也不断丰富。2014年,北京中高本贯通培养人数为70人,到了2015年,6所学校一共招收了2048人;2017年,贯通项目计划招生6505人,实际招收了3672人;2018年,北京市昌平职业学校获得教育部认可,成为第一批现代学徒制试点学校(详见表3-1)。

表3-1 2015—2018年北京高端技术技能人才贯通培养试验汇总表(中职)

年份	项目类别	高端项目计划招生/实际招生(人)	完成率(%)	全部中高本计划招生/实际招生(人)	完成率(%)
2015	中等职业学校招生模式:3+2(3)+2	190/145	76.32	2270/2048	90.22
2016	高端技术技能人才贯通培养项目、学前教育与基础教育师资培养项目	370/281	75.95	8252/4319	52.34

续表

年份	项目类别	高端项目计划招生/实际招生（人）	完成率（%）	全部中高本计划招生/实际招生（人）	完成率（%）
2017	高端技术技能人才贯通培养项目、学前教育与基础教育师资培养项目	710/651	91.69	6505/3672	56.45
2018	高端技术技能人才贯通培养、校企深度合作人才培养项目、学前教育与基础教育师资培养项目	820/776	94.63	5330/2904	54.48

（数据来源：2018年北京市中等职业教育质量年度报告）

（二）上海市中高职衔接政策及其实施情况

1. 中高职衔接及中本衔接政策

上海是最先开始发展职业教育的城市，所以发展水平高于其他省市。2010年2月，上海开始探索中高职的衔接，加强人才培养。如果中高职院校都隶属于同一职业教育集团，就会具备相应的优势，中职学校必须是国家重点，高职院校必须是省级以上重点，才有资格参与中高职衔接培养；要求试点专业技术含量高，专业技能训练时间长；招收的学生必须是本地户籍且取得初中毕业证；在原则上，接受贯通培养的学生是不分流的，在学生接受了一年的课程教育后，试点学校可以进行甄别。

2014年，上海市教委又开始了"中本贯通"试点，为技术技能人才培养提供了新的范例。继续按照中高职贯通原则选择院校和专业，学生要完成七年的学习；只有本市常住户籍并且是应届初中毕业生才能报考中本贯通；在中职院校学习完以后，学生就要参加转段考试，这一考试分为文化课考试和技能水平测试，二者成绩各占50%。文化课考试是全市统一的，技能水平测试则由本科院校组织实施。同时需要为教学管理提供保障，严格遵照相关规定管理学生的学籍。

2. 中高职衔接及中本衔接形式与规模

2010年上海中高职试点院校数为7所，试点专业数为4个，计划招生数为480名。中高职贯通一度受到考生和家长的追捧，如在试行的第一年480个计划招生名额便吸引了超过7000名考生报名，录取的平均分超过普通高中的分数线，平均录取比例高达15∶1。招生规模不断扩大，2015年招生规模达到5000人，是2010年的10.42倍。至2018年，招生规模达到10052人。详情见表3-2。

表3-2　上海市2014—2018年"3+2"中高职衔接情况一览表

年份	2014	2015	2017	2017	2018
招生计划（人）	5500	5000	7400	7400	10052
年度增幅	—	-9.1%	23.33%	23.33%	35.84%

（数据来源：上海市教育委员会官网）

2012年起，上海市普通高校在5月份招考"三校生"，通过"3+X"考试招收本市户籍应届中职毕业生，30所高校招生。2018年32所高职、本科均有招收"三校生"计划，随迁人员子女仅可报名专科层次的高校。

2014年上海中本贯通共录取124人，全面完成录取计划。2018年中本衔接规模达到1465人，五年来中本衔接规模稳中有升。详情见表3-3。

表 3-3 上海市 2014—2018 年中本衔接情况一览表招生计划数新增专业

年度	招生计划数（人）	新增专业（个）	院校数（所）	学制（年）
2014	124	4	8	7
2015	630	14	26	7
2016	972	11	19	7
2017	1580	13	—	7
2018	1465	14	23	7/10

（数据来源：上海市教育委员会官网）

（三）广东省中高职衔接政策及其实施

1. 中高职衔接及中本衔接政策

2010年，广东开始中高职衔接"三二分段"自主招生，参与自主招生的中职学校必须是省重点，且公办中职学校的专业，也必须是省重点，高职院校则要求必须属于公办性质。中职招收的学生必须具有广东户籍，是应届初中毕业生；高职招收的学生来自试点中职学校，其专业必须在报考范围内，且具有正式学籍。优先招收粤北山区、粤东西地区、经济条件相对落后地区的学生。学生在中职学校完成学习后需参加转段考试。考试由高职院校和中职学校共同组织实施，考试范围主要有综合文化知识、专业知识和技能，其中专业技能是重点。管理学生学籍和学费要按照相关规定。

2018年，广东省中职"3+证书"考试直接升本科的模式正式开始试点。符合广东普通高考报名条件、获得专业技能课程证书的中职学校毕业生（包括往届和应届）都可以报名，这里的中职学校包括职业高中、成人中专等，中职所读专业必须与招生专业一致。中职学校的毕业生参加本科高校招生考试，主要考核科目有文化课考试、专业技能课程考核、职业技能测试等，其中文化课考试由全省统一组织，职业技能测试由招生院校组织。"3＋专业技能课程证书"考试由省招生办负责，管理方面由学校负主要责任，招生办负责监督。

2. 中高职衔接及中本衔接形式与规模

2010年广东"中高职三二分段"首批试点10所高职院校和49所中职学校的18个专业试行中高职"3+2"衔接，专业类别有机电、电工电子、机械、建筑、化工、计算机、国际贸易、艺术设计等，招生近万人。2018年广东省有63所高职、210所中职、819个专业点，高职阶段招生共36660人试行中高职"3+2"衔接。广东省中高职衔接"三二分段"获得了长足发展。详情见表3-4。

表3-4　广东省2014—2018年中高职衔接"3+2"招生情况一览表

年份	招生计划数（人）	专业（点）数（个）	院校数（所）高职+中职
2014	20490	416	46+143
2015	24550	538	46+175
2016	26305	582	49+178
2017	32230	747	49+197
2018	36660	819	63+210

（数据来源：广东高考在线，https://www.sohu.com/a/231991200_175649）

广东省亦开展"3+证书"高职高考，招收中职毕业生入读高职院校。2012年招生规模为2.1万人，2018年招生规模达到2.4万人。2013年起广东省较大规模地推行初中起点五年一贯制试点，计划招生数为7585人，有14所高职院校设有五年一贯制专业。2018年有15所高职，57个专业点，20个专业，招生计划数6395人。在专业方面，五年一贯制设立专业以教育类、艺术类为主。2018年广东省开启中职直升本科衔接试验。首批 4 所本科院校，招生计划 200 人，完成 166 人规模。此外，广东省于 2013 年首创性开启中高职衔接专业教学标准和课程标准研制工作，2013 年 6 月 19 日举行广东省首批中高职衔接专业教学标准和课程标准研制项目启动会，首批立项 9 个专业项目组。2015 年 1 月 15 日举行广东省第二批中高职衔接专业教学标准和课程标准研制项目启动会，第二批有 33 个专业项目。

三、北京上海广东三地中高本衔接政策实施对比分析

（一）三地政策及实施的共性

一是北京、上海、广东三个省市高度重视中高职学校的贯通衔接，这有利于培养技术型人才。此外，三个省市对国家中高职衔接政策予以积极回应，每年招收的学生不断增加，并对学制衔接进行改革。

二是三个省市的中高职衔接模式主要是分段衔接，按照中职、高职和本科的顺序。

三是试点的专业都具有很高的技术含量，对专业技能训练要求比较高，适合中高职培养目标相互衔接的专业，在管理方面中职和高职更为相似。

四是严格限制招生对象的户籍，后来逐渐放宽条件，随迁人员子女和外来务工人员的子女也有资格参与。

（二）三地政策差异及实施特点

首先，在政策方面，三个省市有所不同。一是北京和广东的学生必须参加转段考试，广东的通过率高于北京。上海的学生需要在一年级时参加考核。二是北京的招生并不严格限制学生的户籍，而广东和上海则有严格的限制，并且广东在招生方面赋予某些特定地区有优先

权。三是广东的招生规模在三个省市中最大。

其次,三地中本衔接政策差异明显。一是试行开始时间上,北京、上海均为2014年,广东为2018年。二是招生规模上,至2018年,北京实际招录规模接近3000人,上海接近1500人,广东计划200人,实际招生166人。三是开展形式上,北京试行"高职院校招生"和"中职学校招生"两种培养模式,探索了"高端技术技能人才贯通培养(5+2)试验项目"及现代学徒制等多种形式;提招和统招考生,分别对接国外高校和国内高校。上海的中本衔接,按照"3+4"的思路推进,学生转段考核通过后,由本科院校直接录取。广东实行"3+证书"招考形式,既要通过全省统一的基础文化课考试,又要获得相应的课程等级证书,并通过本科院校组织的职业技能测试,强调中本专业的对应。

(三)三地中高职衔接实施成效

2010年以后,中职毕业生的升学率不断提高,从2014年到2017年,我国中职学生的升学率提高了20.43%。有关数据显示,北上广三个省市的中职院校学生升学率一直处于稳定水平。2014年到2018年,北京中职学校的升学率基本稳定,升学比例有很大的提升。上海中职升学规模也在逐步增加,升学比例遥遥领先。广东省中职学校多,所以升学规模最大,但比例比较低,除了2015年,广东中职升学比例在全国都较低。详见表3-5。

表3-5 2014—2018年北京上海广东及全国中职毕业生升学情况表

年份	升学人数(人)			升学比例			全国中职毕业生升学比例
	北京	上海	广东	北京	上海	广东	
2014	28449	—	—	34.81%	44.02%	11.38%	15.32%
2015	21472	14976	80877	38.84%	41.96%	26.26%	20.02%

续表

年份	升学人数（人）			升学比例			全国中职毕业生升学比例
	北京	上海	广东	北京	上海	广东	
2016	19595	15727	48213	45.33%	47.02%	15.62%	25.10%
2017	18749	16709	48998	52.07%	56.23%	16.34%	35.75%
2018	21848	18122	65600	58.20%	61.66%	23.01%	—

数据来源：2014—2018 北京中职毕业生升学情况报告，北京市中等职业教育质量年度报告（2014—2018），广东省教育厅《广东省中等职业学校毕业生就业情况分析报告》（2014—2018 年），上海市中等职业教育质量年度报告（2014—2018 年），另整理网络数据。

四、北上广三地中高本衔接的经验和不足及其发展建议

（一）三地中高本衔接的经验和不足

近十年来，北京、上海和广东三个省市的中高职衔接及中本衔接都取得了不错的发展成绩并形成了各自的特色。北京的中高等衔接对普职融通、产教融合进行了有益的探索。北京积极探索中高本联合培养的新途径，职业院校和示范高中合作，负责学生前 5 年的培养，中高等职业院校与示范高中、本科院校、企业深度融合，探索高质量技术技能人才贯通培养的新模式。上海正在尝试"应用型本科—专业学位硕士"，让现代职教体系朝着更高水平的方向发展。上海第一批中本贯通试点学校就是上海应用技术大学，现在实行中本贯通培养模式的本科院校之前都是二本院校。上海正在尝试让高职专科教育与技术性本科教育、专业学位研究生教育实现有效衔接，促进现代职业教育体系的完善。广东省存在多种衔接模式，因为中职学生规模大，升学的需求自然也大。如果学生没有广东户籍，随外来务工人员来到广东读书，那么可以参加招生考试。广东也开始着手制定中高职衔接教学

标准和课程标准，促进中高职衔接深入发展。

中高本衔接的相关数据表明，三个省市在实施中高本衔接计划的过程中完成度普遍不高。如 2018 年北京中高本衔接计划只完成了 54.48%，广东在同年首次尝试推行中职直升本科计划招生 200 人，最后只招了 166 人。各省市完成度不高的原因主要有以下四点：一是职业院校宣传力度不够，大众对中高本衔接信息不了解，很多学生和家长不知道如何报考；二是中高本专业设置与实际情况不符，而衔接招生政策又严格限制了专业；三是中高本衔接招生不提前录取，有些院校招生比普通高校还难，生源质量比较差，很多报名的学生无法达到学校的要求；四是中高本衔接录取和退学机制有待完善，学生中途退学，学校又无法及时补充生源。有些中职学校提出，在与高校合作办学时，高职和本科积极性不高，很多工作由中职承担，工作进度慢。这些问题的存在表明中高职本科衔接急需完善管理工作，现代职教体系存在不足之处。

（二）发展建议

首先要完善中高本衔接体制机制，加大宣传，让社会更加了解职业教育招生制度，完善招生政策，让负责中高本衔接工作的各方能够各司其职，使学历教育和职业培训有效衔接，职业与教育灵活转换，严格贯彻执行中高本衔接政策，在中高职衔接的最后阶段不断拓宽人才培养空间。目前我国高职院校主要对学生展开职业技术教育，本科和研究生层次的职业教育发展还有待完善。所以，高等职业教育需要不断探寻新的发展道路，如此也有利于中高职衔接的最后阶段为人才培养提供更大空间。深入发展本科层次的职业教育，重点培养技术型本科人才，为未来职业教育体系的发展做准备。如上海就规划了到 2022 年应该设立的衔接培养专业试点，并计划建成 10 多所新型职业院校，在工程技术领域推行贯通培养试点，使本科和专业学位硕士有效衔接。广东中本衔接要重点建设中高等专业群,使中高职专业相对应。职业教育体系内部要保持开放,不断探索中高本贯通培养新模式,形成中高本到专业学位硕士的培养体系。当然,中高职本科的内涵衔接还有很多问题需要进一步探究。①

---

① 刘荣秀.中高本衔接政策发展与地方实践研究——以北京上海广东为例[J].南方职业教育学刊,2020(4):1-7.

第四章　中高本专业一体化的构建与策略

第一节　中高本一体化技术技能人才培养

一、人才供给侧改革背景下技术技能人才培养面临的挑战

现今，我国教育升学政策呈现多种态势，五年一贯制、中高本一贯制、中本一贯制、职业教育、高校自主招生、科技人才直升入学等。中学生升学渠道的多样性，使得技术型人才培养方式更加灵活，学生获得更多可塑性，当然，这也意味着对技术型人才的培养提出更高要求。

中高本贯通教育对技能型人才培养在以下方面有待完善：首先，教学内容设置以及学时安排不科学。中高本在课程讲授上不断地重复，本该传授新知识的时间被浪费，学生被动接受重复内容。而且知识讲授也出现断层，同一课程，因讲授的教材版本有差异，造成高中阶段知识体系出现断层，学生接受知识困难。其次，中高本在职业教育方面存在明显短板，各阶段教育未能很好地接续。在课程实施方面，学校组织各层级的学科研讨，分组别推进教学实施，中职教育、高职教育均受到重视，然而再向上，职业教育培养受到制约，教育不同阶段未能有效衔接。

二、中高本一体化技术技能人才培养目标

中高本一贯制的培养方式应因材施教，依据学生自然成长规律及思维发展阶段制定相应的培养方案。基础学科理论学习一定是教育的重中之重，理论是后续各学科扎实学习的基石，数学、语文、英语作为工具学科，在课程设计方面应有所偏重，尤其是学时分配上必须给予足够重视，理论根基是否扎实直接影响到后续专业课发展，当然，在授课的同时还要激发学生的学习兴趣，引导学生主动探索，为继续深造打下坚实基础。除了培养理论基础，更要侧重对专业能力方面的培养，在实践中探索，激发学生学习的自驱力，让兴趣和专业充分结合。高职阶段应该更重视对学生技能结合理论的培养，扎实理论基础，在此基础上夯实专业知识，侧重培养专业化人才，针对岗位技能培养增加实训课程，最终适应企业对人才的需求。相较于高职专科的培养方式，本科阶段的职业教育应该侧重对学生管理能力和协调能力的提升，其中包含分析解决问题能力培养、团队组织协调能力培养、技术能力培养等。由此可见，中高本职业教育在培养人才方面设定了清晰的目标，形成目标体系，从而实现人才梯队分层次培养。

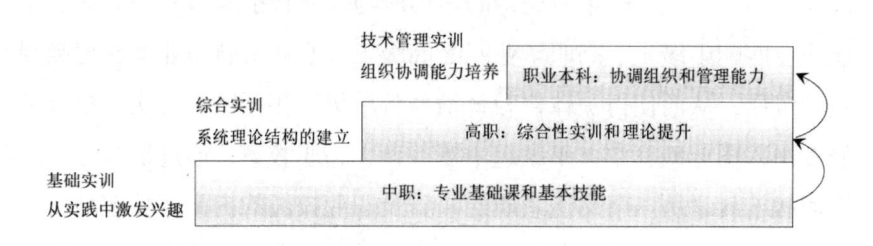

图 4-1 中高本一体化人才培养目标

三、中高本一体化技术技能人才培养路径

中高本一体化培养方案是一项系统化工程，覆盖面广、参与群体

复杂，需要社会多维度参与。政府要统筹规划教育机制，带头促进学校企业合作联动，深入合作，社会层面也要积极响应，让专业设置更贴近社会需求，积极探索以社会需求为目标，人才培养与课程、专业紧密联系，搭建"中高本"系统化人才培养机制。

（一）学制设计一体化

人才培养体系是一套纵向连贯的体系，职业教育探索中高本模式，即 2 年中专职业教育、3 年高中职业教育、2 年本科职业教育，这种一贯制的培养机制，让各层级升学自然衔接。2 年中专职业教育是打基础的关键时期，与高职教育课程设计不同的是，它更注重基础教育，而高职教育介于中职及职业本科教育中间，起到承上启下作用。学生完成某一阶段学业，即可获得相应的学历认证，考试合格后还可进入更高层级学校，接受更高级别教育。学制设计一体化教育呈现给学生更多升学路径，通过提升学生的职业素养和专业能力，更好地与就业需求衔接，延长了职业发展的可持续性。

"中职教育、高职教育、职业本科教育"这种一体化教育重点关注两方面。首先，学生所获得的学历应与职业技能等级一一对应。中职毕业匹配中级工、高职毕业匹配高级工、职业本科毕业即获得高级技师资质，从而使得一体化教育培养各层级衔接紧密。其次，把高考制度引入职业教育中，串联起中职教育、高职教育，通过继续深造获得职教本科学历。将文化素质的培养及职业技能的提高连接起来，选拔招生制度进行相应改革，提高"职业教育高考"的招生录取比例，享受与普通学校学生参加统招高考的同等待遇，让"职业教育高考"成为职业教育学生向上获得高等教育的主要通道，让教育真正回归培养人才的本质。

（二）课程设置和专业设置一体化

2021年，教育部颁布的《职业教育专业目录》中，将职业教育统一采用三级分类：第一级，专业大类；第二级，专业类；第三级，专业。课程设置结合不同阶段教育进行一体化设计，中职教育、高职教育、职业本科教育各层级对应不同教学内容，对人才培养脉络更加清晰合理。

为进一步促进人才培养专业化、一体化顺利实施，就要依托信息平台，把优质课程共享，公共基础类课程依托基础教育平台展示，通识类课程依托成长教育平台展示，专业基础课依托专业职称平台展示，专业核心课依托专业提升平台展示，搭建了从基础知识教育、德育教育到专业教育，再到能力教育的一体化职业教育体系。

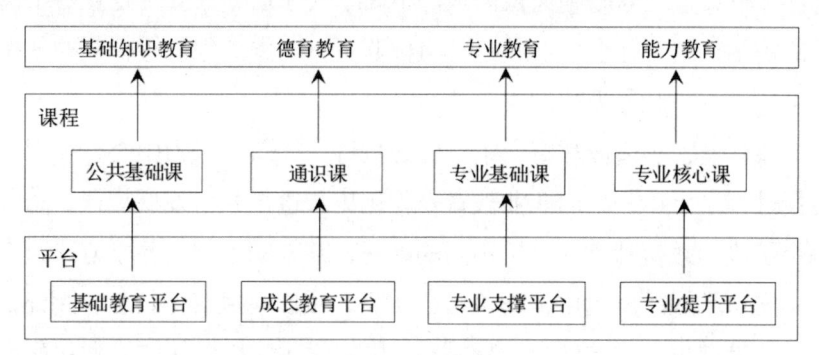

图 4-2 中高本一体化课程体系

（三）"岗课赛证"一体化

职业教育人才培养应将"岗课赛证"充分融合，以竞赛培训课程、企业定向课程为依托，伴随竞赛模式的引导，对技能进行深入考核，对考核合格学生授予学历证书及技能证书，真正做到结合岗位特点设置课程，配合竞赛机制进一步激发学生学习热情，同时获得相应的学历及技能证书，一体化课程促进了复合型人才的培养机制。

◎ 中高本专业一体化衔接研究

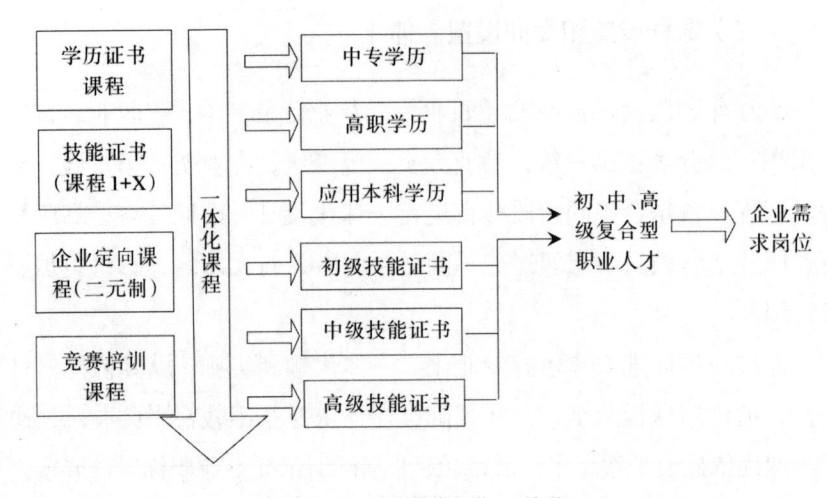

图 4-3 "岗课赛证"一体化

课程设置应着眼于岗位需求。中高本人才培养应立足企业对于岗位的需求，结合行业发展特点、岗位职责、工作流程设置相应的教授新工艺、新知识的课程。

课程设置应适应教育变革。传统教育往往以学科为中心，知识的传授过程过于单一，而职业教育一体化更加遵循教育发展规律，结合每个阶段的教育特点，设置不同的课程，并辅助不同的教学方式，将真实案例纳入教学当中，理论结合实际，开展项目案例教学。此外，教材的编撰也同样要结合实际需求，围绕学生学以致用的专业化程度开展学业效果评估。

竞赛机制促进教育发展。针对现阶段的职业教育，国内外举办多种级别的技能比赛，可以将这种竞赛教育理念融入教学实践中，竞赛不仅可以激发教育向深层次拓展，还可以提升不同层级人才质量。

完成相应阶段课程授予资质证书。根据职业教育的特点，结合行业企业标准，制定符合职业教育发展的资质标准，教育考核结果匹配相应的学历教育证书，人才培养路径更加清晰，人才能力得到认证。

（四）建立数字化个人技能成长档案

职业教育法规中明确提出，要大力实施学分制在教育实践中的应用。学校为每名学生建立数字化个人信息档案，学分制不仅真正与每个学生相匹配，更重要的是有力促进了不同层级职业教育的发展，依据数字化个人技能档案，对不同层级不同学生因材施教，进而促进教育的延续性。

建立岗位需求能力矩阵。数字化个人技能档案的建立要依据职业教育培养目标，更要遵循行业对于各岗位的需求，通过描述分析、逻辑分析、综合分析确定对不同类型人才需求的数量，进而为职业教育培养人才设定既定目标。

依据能力矩阵调整实训任务。从能力矩阵模型中可以分析出不同学习阶段对应的学习目标，按照既定目标设计职业教育的实训任务。以"大数据挖掘应用"为例，通过综合模型可以看出，针对这一岗位需求，应匹配职业本科教育相对应的实训任务。

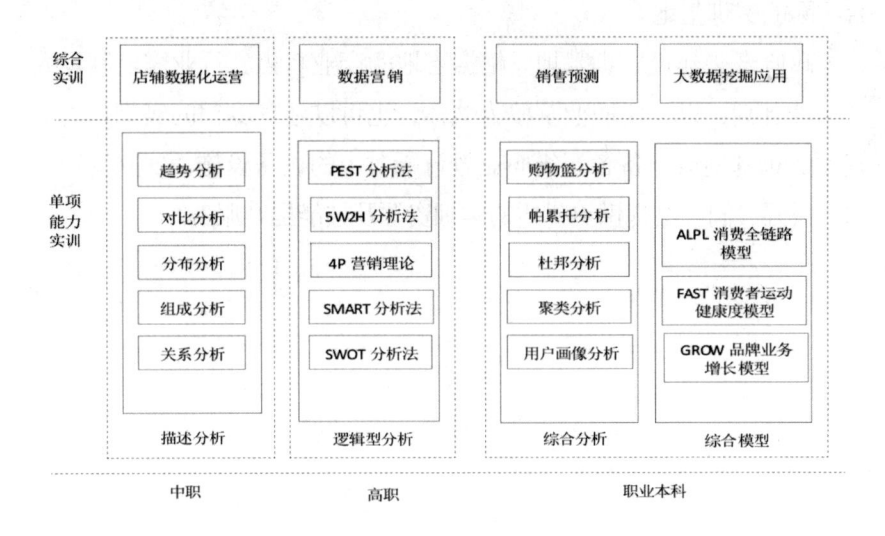

图 4-4 连锁经营与管理专业数据分析能力实训任务

数字化评价平台为职业教育评价保驾护航。依托数字信息化，可以建立职业教育一体化数字化实训评价平台。学生按照教学目标完成相对应的实训课程，提交到实训平台后，教师根据展现结果进行评判，成绩从数字化评价平台输出，建立数字化技能档案。

（五）实训基地建设一体化

如今，存在两方面问题制约着职业教育实训基地一体化的发展：第一，资源分散，未能达到共享；第二，实训基地重复建设，资源浪费。因此，职业教育一体化对人才的培养一定要匹配与之相适应的培养机制，建立高效高能的实训基地。

政府根据不同层级教育，因地制宜，统一规划。政府建立职业标准，教育部门及专家、企业领导者联合制定中职教育、高职教育、职业本科教育实训基地标准。不同阶段职业教育根据自己教学目标，建立与之相匹配的实训基地，从教育教学实际出发，不搞重复建设，搭建切合实际的实训基地。

政府牵头建设实训基地。根据当地的产业特点、行业需求制订人才培养计划，以一所职业院校为载体，也可以建立专门的实训基地。建立实训基地应配备各层级职业教育所对应的设备设施，独立管理，信息公开，向社会提供更优质的实训资源及技能提升服务。

第二节　中高本一体化模式构建与路径研究

一、中高职一体化教育模式的探索

（一）深化招生制度改革的中高职衔接模式

由于中高职院校进行"三二分段"、自主招生、五年一贯制度等中高职衔接模式，高职类院校分类招生考试和注册入学实践进一步推进，文化素质与职业技能共同考察的中高职业招生制度纵深推进，技能水平较高的人才免试入学、单独考试等招揽人才的方法进一步规范和完善。学生的普通高中学业水平测试成绩是高职类院校分类考试录取的依据，从而找到将中职学业水平考试结果作为高职自主招生依据的途径。此外，高中职业学校还可以根据自身发展对招录的学生测试成绩进行选择。

（二）"三元融合"中高职衔接模式试点

"三元融合"的三类主体主要是指中职学校、高职院校和相关企业，在五年一贯制下，将学生安排在中职、高职院校以及合作企业，时间段安排可灵活掌控，由此培养出高技能水平的人才。三个主体中，高职学校负责与其他两个主体建立和完善职业教育人才培养政策，发放学位证书等。此外，教学过程管理的体制机制创新也是由高职学校带头负责，并在"弹性学制"和"学分制"的基础上，为学生分配更加适配的职业和学习内容。

（三）中高职一体化管理改革的中高职衔接模式

中职教育和高职教育在实践的过程中存在主体认知差异，双方在沟通过后进行中高职一体化管理和教育改革，形成中高职合作教育管理体系。根据中职和高职院校的具体要求，高职院校带头负责管理中职学校的人力、物力和财力，并选择一所专业相同或类似的中职院校开展合作，中职学校的校长在高职院校担任副院长，其他相关管理人员根据具体需要进行相互帮助。中高职的合作有利于推进中高职一体化管理改革进程，既不用改变原有的院校之间的从属关系，也促进了中高职院校之间在学术、课程等方面隔阂的消融，将校企资源、师资力量、专业课程等进行一体化管理。

（四）国际化合作的中高职衔接模式

中高职院校要培养世界眼光和国际视野，根据国际社会对人才的需要和条件，找到国际化合作的中高职衔接模式。一方面，中职院校与国际高校开展合作，根据"3+2"模式打造一批专科人才、以"3+4"模式培养本科人才；另一方面，高职院校与国际高校开展合作，利用"3+2"模式打造一批本科人才，以"3+2+2"模式培养研究生。此外，中高职院校要积极主动与国际企业展开合作，通过建立海外培养基地，为提供高职业技能水平的人才奠定坚实基础。

（五）接续培养的中高衔接一体化教育模式

部分本科高校已经积极建立高职与本科结合的专业课程和应用型本科院校，消除中高职到本科之间的衔接壁垒，持续培养中高职衔接一体化教育模式。为了给各个岗位提供具有高级职业技能的后备人才，顺应产业转型升级和学生自身完善的需要，将中高职与本科、研究生的人才培养结合，在课程体系、授课内容、管理体制、专业课程等方面结合，实现一体化。

通过打通中高职和本科院校的教育通道，利用"3+2+2""5+2""3+4"等模式在初中毕业的学生中招生。这里的"3+2+2"是指在中职院校学习3年的专业基础课程知识，在高职院校学习2年，最后2年在本科学习更高层次的知识内容；"5+2"是指根据五年一贯制，在中职或高职学习5年，最后2年在本科进行学习；"3+4"是指在本科与普高合作的背景下学习3年，最后4年在本科和高职院校以及相关企业的合作下进行人才培养。

二、实施中高职一体化发展的保障措施

（一）加大宣传力度

在中高职院校一体化现场举办招生咨询活动、邀请专家开展职业发展规划讲座、举行校园开放日活动等。主动为媒体提供职业教育改革发展成果的报道素材、宣扬工匠精神，为职业教育的发展提供良好的社会氛围。

（二）加强组织协调

教育部门和政府机构要设置专门负责中高职一体化发展和管理机构，让一体化进程更加协调有序，同时参与主体要与省、市有关部门加强合作，为中高职一体化发展扫清政策和组织上的障碍。加强组织协调还需要高水平的一体化实践评估小组，通过对某个阶段的一体化工作进行评估和总结，找到实践过程中存在的问题，及时予以应对，为中高职院校一体化进程提供宝贵经验。

(三) 搭建院校间的沟通平台

打通中高职院校之间的沟通渠道，各院校之间应该有完善的沟通协调机制。中高职院校在岁末开展对接会，在总结过去一年工作的基础上，对即将到来的一年工作进行安排和部署，为招生工作和课程安排等有序进行提供决策依据。此外，针对具体实践过程中的问题，中高职院校可自行安排时间开展对接会。要畅通中高职院校一体化过程中的信息交流平台，为中高职人才培养建立长期高效的信息共享机制。

(四) 对接中高职专业目录

要让中职院校的学生能够在高职院校找到适配的专业课程进行系统化的学习，对接中高职院校课程体系和教育内容，帮助学生提高继续学习的积极性，教育部门需要对接中高职院校专业目录，将中高职所学习的类似专业和内容加以结合和继承。

第三节 终身教育理念下职业教育中高本贯通的推进路径

一、终身教育理念下职业教育"中高本贯通"的现实困境

(一) 供给失衡：人才需求与教育供给不平衡

在中高职和本科三阶段的教育过程中，高职阶段在职业教育"中

高本贯通"的实践中起着承前启后的作用。在对天津市职业大学、芜湖职业技术学院、辽宁省交通高等专科学校、黄河水利职业技术学院发放的问卷调查结果表明（见表4-1），来自高职的学生占72.82%，来自中职的学生占19.55%，来自社会其他领域的学生占7.63%。职业带理论认为，高水平职业技能的大学生是在实践中反复训练出来的。但就我国的职业教育发展过程来看，提供的人才与社会岗位的需求不相匹配，中高职衔接比水平较低。

表4-1 高职院校生源构成统计表

学校	招生人数	高职生源占比	中职生源占比	社会生源占比
天津市职业大学	5553	75.45%	18.24%	6.31%
无锡职业技术学院	5398	73.12%	19.55%	7.33%
辽宁省交通高等专科学校	4526	69.21%	19.49%	11.30%
黄河水利职业技术学院	4529	69.85%	21.63%	8.52%
芜湖职业技术学院	4353	76.48%	18.81%	4.71%
合计	25349	72.82%	19.55%	7.63%

"专升本"是我国当前最重要的一种中高职和本科衔接模式。为了了解专升本升学率等相关情况，经过对高职院校的调查发现（见表4-2），高职学校学生对"专升本"的需求较多，但本科学校的职业教育却不能满足这种需求。高职院校学生"专升本"学生占比只有28.29%。由于很多高职院校与专升本的需求无法匹配，使高职教育和本科人才培养之间的矛盾长期存在。

表4-2 高职院校学生升学统计表

学校	毕业生总人数	专升本报名人数	专升本录取人数	专升本学生比率
天津市职业大学	4942	1263	386	30.56%

续表

学校	毕业生总人数	专升本报名人数	专升本录取人数	专升本学生比率
无锡职业技术学院	4318	1146	322	28.10%
辽宁省交通高等专科学校	3810	995	241	24.22%
黄河水利职业技术学院	3158	947	265	27.98%
芜湖职业技术学院	3315	986	272	27.59%
合计	19543	5394	1526	28.29%

（二）衔接不畅：课程体系与教学标准衔接不紧密

目前，在中高职和本科教育一体化进程中，课程衔接不畅，课程体系与教学标准缺乏整体性和系统性的问题较为突出，以下是具体说明：

首先，"中高本贯通"的专业名称与专业课程内容缺乏系统性。我国当下的中高职教育所涉及的专业内容和课程都是为了培养具有高水平职业技能的人才，脱离实际情况使课程内容更加复杂；本科教育重视具体的知识和内容，对学生专业关注较少，且本科的职业教育以学科为依据进行内容分配。这就导致学生在中职院校、高职院校、本科职业教育学习的专业和内容缺乏一以贯之的体系。

其次，课程体系缺乏系统性和整体性。中高职教育的课程体系是以为社会提供拥有职业技能的人才为目的进行安排和设置的，因此注重培养学生的实践和工作能力；与之相比，本科教育更加注重学生理论知识的教育，课程设置和安排也都是服务于这一目的，这就造成学生在中高职院校和本科院校学习到的理论知识和实践过程中的应用不匹配。

二、终身教育理念下职业教育"中高本贯通"推进路径

（一）打造"中高本贯通"一体化人才培养体系

第一，拓展职业教育的维度。首先要继续建立本科职业教育层次的试点。在本科职业学校的基础上，进一步推进试点实践工作进程，让本科职业教育在向社会输送人才方面发挥它应有的主体作用。

第二，建立健全中高职人才培养机制。在实践过程中，中高职院校应该牢牢把握岗位需求的基点，注重提高学生的职业技能水平，将产学研用深度融合，打造"中高本贯通"的一体化人才培养体系。

第三，完善职业教育招生模式。职业教育"中高本贯通"需要继续推进职业教育高考和人才培养制度的改革进程，贯通各层次职业教育的培养体系。这有利于让中高职院校的学生在进入本科职业教育层次后可以学习到系统的知识。实践中，不少高中和中职院校开展合作，在一体化招生信息平台上发布招生信息，为提高职业教育的教学水平提供条件，以"中职、高职、本科层次"等制度为依据，改善教学模式，提高中高职教育和本科层次人才培养的系统性。

（二）构建"中高本贯通"人才培养衔接机制

首先，各层次职业教育贯通人才培养的标准。要想提升职业教育"中高本贯通"质量，拓展职业教育的内涵，人才培养机制的贯通是奠基石。中高职院校和本科职业教育的目的主要是：培养具有高水平的技能型人才、技术型人才以及应用型人才，其主要途径分别是教授经验技术、提高解决技术性问题的能力、提升利用新技术的水平。要构建"中高本贯通"人才培养衔接机制，要能够让学生在各个阶段学习到与其能力相匹配的技能和知识。

其次，促进课程标准体系的有效衔接。课程标准体系应该以职业教育的培养技能型人才的目的为依据，根据岗位要求和职业教育的特点对课程体系标准进行部署和安排。教授概括性理论知识以及回答"是什么"的问题是中职教育的任务；讲授功能性的内容以及回答"怎么样"的问题是高职层次教育的任务；教授系统性知识以及回答"为什么"的问题是本科职业教育的任务。由此，要构建"中高本贯通"的人才培养衔接机制，根据中高职和本科层次的职业教育需要安排课程体系。

（三）完善教学管理与考核机制

第一，要建立健全"中高本贯通"教学管理和考核机制。对于高职院校来说，要以一体化人才培养为导向，完善技能型人才培养标准，逐渐实现课程体系、师资力量、教授内容等一体化管理。利用大数据技术对中高职和本科层次的职业教育和学生等相关情况进行监测，实时把握教学质量变化。

第二，实现职业教育"中高本贯通"的学分和学习成果转化。职业学校要立足于学分积累和ECTS体系，建立健全"中高本贯通"学习成果的评估细则，逐渐完善学分和学习成果转化机制，有利于让学生在了解中高职和本科层次的职业教育学分标准和课程目标以及要求等内容的基础上，积极参与到学习实践中。

第三，实现"中高本贯通"选拔和考核的呈现。通过搭建信息化平台掌握学生学习的相关数据，了解学生在学习知识和职业技能过程中遇到的问题，从而有针对性地加以解决，提高教学质量。[①]

[①] 刘大鹏，王晓红，杨丽娟. 终身教育理念下职业教育"中高本贯通"的推进路径探索[J]. 中国多媒体与网络教学学报（中旬刊），2022（7）：204-207.

第四节　基于学分银行角度中高本一体化衔接课程设计

一、应用"学分银行"走出衔接困境

通常情况下，在对中高本衔接展开探索的过程中，出现上述很多问题，如果只是通过各院校之间进行自主交流来完成衔接，那么问题无法得到有效的解决，要想打破现在这种局面，从根本上解决以上问题，需要在架构设计的层面上进行解决，调整中高本衔接的操作路径。近些年，随着学分银行的出现，对于中高本衔接所存在的问题也得到了解决，学分银行引起了社会各行业的广泛关注。

学分银行被人们称之为"可以实现终身学习的立交桥"，学分银行的内部结构纵横交错，这一点和立交桥极为相似，横向既能够连接学历教育学习成果，也能够连接非学历教育学习成果，从纵向角度看，能够连接各层级的学习成果。根据对学分银行的机理进行研究得知，学分银行的机理是以银行的机理为参考依据，以学分为计量单位，通过学分银行的运行机制和制度模式，有利于促进职业教育立交桥的搭建。学分银行是现阶段的一个热点词汇，其概念也相对新颖，在建设探索的实践方面也取得了显著成果。自2012年以来，国家开放大学学分银行承接教育部的项目，展开了大量的研究和探索，从根本上促进了学分银行的发展，在制度运行技术路径的研究过程中，学分银行将国内的研究成果和国外研究成果进行对比分析，同时结合我国学分银行的发展情况，展开大量的试点探索验证，经过一系列的分析讨论，

明确了制度运行的技术路径,即"框架＋标准"。

"框架"的含义仅限于学习成果的层面上,"框架"实际上是一个设计架构,可以对学习成果进行划分和管理,学习成果是指学习者在完成学习任务之后所获得的知识与技能的总称。在学习成果框架之内,根据类型和等级的不同,各级各类学习成果被划分,学习者所获得的知识与技能可以有序地码放在框架之中。通俗而言,学习成果框架可以比作一个坐标系,每个学习者所取得的学习成果都能在坐标系中找到对应的位置。

"标准"是对学习成果进行认证、积累的转换依据,也称为"认证标准",也是学习成果框架的通用标准在不同行业的细化。根据行业领域将学习成果进行详细分类,同时将学习成果划分为不同的能力模块,这些能力模块还被称为"认证单元"。一般来说,认证单元是学习成果的基本单位,不仅具有划分学习成果的功能,而且能够将各种学习成果链接起来,如果把学习成果比作尺子,那么尺子上的刻度值就是认证单元。

认证单元的开发是以市场需求或岗位缺口为导向的,每个认证单元都包含学习结果和评价标准两部分内容,这一点与学历教育的课程内容高度相符。由于认证单元兼具学习成果和评价标准的特性,因此,认证单元能够自由地调整自身来适应市场需求的变化,也能够灵活地展开学习成果的认证、积累和转换。

通过学分银行来解决中高本衔接所存在的问题,其原因在于学分银行是由学习成果的框架和标准决定的,同时也取决于认证单元的特性与属性。

首先,认证单元的功能体现在各种学习成果被分割成一个个能力模块,根据不同的等级,各类学习成果有序地码放在框架之中,对框架内同等级的学习成果进行详细分类,学习成果的划分是以学分为计量单位,被划分成若干个认证单元。因此,基于学习成果开发的认证

第四章 中高本专业一体化的构建与策略

单元非常连贯,并且体现出合理性和明确性,而基于此认证单元形成的衔接课程也体现出连贯性,其课程不会出现因内容重复而变得繁琐复杂的情况。

其次,学习成果框架之中的每个认证单元实际上都是一个工作任务,每个认证单元的内容是由各种知识、技能以及能力所组成的,因此,认证单元的开发能够满足市场或岗位的需求,认证单元的内容能够达到工作任务的要求标准。每个认证单元具有1—3个学分的学习量,这几个学分的组合没有限制,若干个认证单元能够组成职业资格证书,职业资格证书的获取是人们从事某份职业的门槛,是对人们从事这份职业所需能力的最低要求。认证单元是学历教育和非学历教育之间的连接纽带,以市场需求为导向进行开发的认证单位能够为学校培养优秀人才提供方向,而基于认证单元开发的教育课程可以根据市场需求的变化来调整自身内容,因此,认证单元为学校培养人才和市场需求变化之间提供了交通枢纽。

最后,按照第三方标准对不同学习成果进行认证和转换,以提高学习成果的公信力,防止出现衔接方面的问题,即因课程标准差异明显而导致的衔接问题。

根据以上内容可知,中高本衔接课程内容是以认证单位为基本依据的,包含学习成果和评价标准,而中高本衔接课程一体化方案是以"框架和标准"为思路设计的,这样的设计贯穿于人才培养的整个过程,既能够满足市场对人才的需求,又可以降低学习者因重复学习而产生的时间消耗。

二、基于学分银行的中高本衔接课程一体化设计

在经历多次理论研究和试点验证之后,国家开放大学学分银行设计出一套认证单元制作规程,合理性和科学性是这套规程的显著特点。下面依据中高本衔接的实际需求,以框架+标准的设计思路作为切入

点，对中高本衔接课程的一体化设计进行详细阐述。

（一）确定衔接意向

现阶段，由于我国各区域的教育发展水平出现明显差异，制定的衔接方案无法适用于全国各地区的教育，为了解决此问题，各院校之间要建立能够相互交流的衔接模式。各院校之间要主动进行沟通和确定衔接目标，要以行业或专业为单位，寻找各方面都相近且互相有意向的院校进行沟通，最重要的是，在培养方向和课程体系等方面相近，明确衔接专业和衔接方式。此外，还有招生比例等问题。在一个学习成果认证积累和转换试点的项目中，国家开放大学与16所院校建立密切的合作关系，共同构建职业教育类课程体系，实现教育资源共享目标，以各自本校的教育教学要求为标准，保证职业教育类课程体系具有连贯性，课程内容体现出不同的层次性，内容丰富且不重复，形成合理科学且专业的培养方案。

（二）组建专家团队

确定衔接意向之后，也就是各院校确定合作目标完成，要组建专家团队，开发行业的认证单元，在以市场需求为基础上，保证衔接课程和市场需求高度相符。专家团队的组建包括学科专家、企业专家和行业专家，其中，学科专家根据教育教学要求，将职业能力转换为教学目标，行业专家从市场需求的角度出发，了解行业发展的最新情况，为认证单元的开发方向提供新思路，作为企业专家，要对企业发展进行深入调研，了解人才需求缺口和岗位职能设置，掌握企业发展的最新动态。

（三）进行市场调研

专家团队要展开积极的市场调研和企业调研，不仅要了解企业所

第四章　中高本专业一体化的构建与策略◎

需的人才类型，以及企业的岗位职能设置情况，还要掌握行业在市场的发展动态和发展方向，大量收集有效信息，通过大数据分析等方法，制订优秀人才的培养计划，也就是工作人员的成长阶梯，设置每个岗位职能的最低学历要求，以及每个阶段工作人员的最低学历要求，将学历最低要求和学历教育等级进行对接。从市场需求的角度出发，专家团队划分行业等级。

（四）划分行业结构

行业是指经济社会中的经营单位，也可以指个体的组织结构体系，如林木业、汽车业和银行业等。在同一行业中，各经营单位或个体组织都具有相同点和不同点，相同点体现在性质属性上，不同点体现在生产要素上。因此，在这种情况下，同一行业还能够划分出不同的方向。在同一经营单位中，或者是在同一个体组织中，还可以划分出不同的任务分工，基于此再划分出不同的职能。综上所述，行业结构表包含不同的结构层次，即行业、行业方向、职能等。

行业结构表的划分体现在以下两个方面：一方面是相对成熟的行业，如煤炭和机械行业等，成熟行业制作的行业结构表取得了社会各界的关注和认可，制作方可以根据转换需求确定行业方向；另一方面是新兴行业，如物流和社工行业等，相对于成熟行业，新兴行业的发展时间较短，不具备成熟的行业结构体系，这就需要专家团队来划分行业结构，其前提是要展开积极的探索和深度调研。

（五）制定标准（认证单元）

对于试点院校而言，认证单元的开发具有一定的难度，尤其是整个行业开发认证单元，这项工作任务不仅复杂、难度大，而且不符合实际情况。因此，认证单元的开发要以实际需求为导向，将衔接专业所对应的行业方向作为参考依据。

◎中高本专业一体化衔接研究

认证单元的实质是制定标准，标准的制定是一项非常复杂且难度较大的工作任务，整个行业开发认证单元要以职能为单位，专家对整个行业的职能展开分析和讨论，可以得出，不同职能所对应的能力要求，以及相对应的最低能力标准。此外，按照教育教学原理和机制，学科专家针对各类知识点进行划分，将不同职能的能力标准作为划分依据，在认证单元的开发任务完成之后，为了确保认证单元的公信力保持较高的平稳状态，学科专家要通过学分银行来审定职业人才成长阶梯和行业结构表，学科专家审定通过之后，要按照标准来设计中高本一体化课程方案。

（六）设计一体化课程

在认证单元制定完成之后，在此基础上，各院校设计中高本衔接一体化课程体系，学校的教学团队将专业课程标准与之相对应的认证单元展开对照，如图4-5所示。

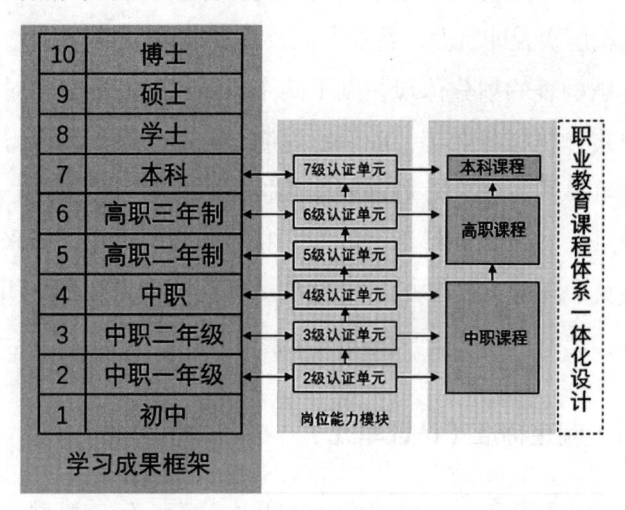

图4-5 一体化课程设计示意图

如果认证单元和课程内容之间没有显著的差异性，那么需要对课程内容做一些改动即可，如果认证单元和课程内容之间出现明显的不

第四章　中高本专业一体化的构建与策略◎

同，那么需要以认证单元的内容为依据重新建设课程体系。中职、高职和本科院校提供相应的课程目录，课程目录包含相应的认证单元。专家团队对各目录的认证单元进行分析和讨论，从而建设科学合理的中高本衔接一体化课程体系，如图4-6所示。在课程体系构建过程中，认证单元是课程的主要组成部分，认证单元的名称能够反映出课程的类型和结构。最后，专家团队对课程设计方案进行审定，根据设计方案对课程内容进行调整，在审定通过之后签署衔接协议。①

中职			
专业名称		开设学校	
课程名称	学分	对应认证单元	单元学分
总学分			

高职			
专业名称		开设学校	
课程名称	学分	对应认证单元	单元学分
总学分			

本科			
专业名称		开设学校	
课程名称	学分	对应认证单元	单元学分
总学分			

图4-6　一体化课程设计方案

---

①　曲克晨，郑戌冰.中高本衔接一体化课程设计探究——基于学分银行角度[J].广播电视大学学报（哲学社会科学版），2020（3）：84-90.

第五节　基于现代职业教育体系的中高本教材开发

一、中高本衔接教材编写存在的问题

现代职业教育体系包括中等职业教育、高等职业教育、本科应用型教育、高端技能型专业学位研究生教育等层次，每一个层次通过培养目标、专业设置、课程体系与教材、教学实施、评价方式、企业行业参与等形成多层次衔接贯通的技能人才培养体系。目前，中高职课程设置重叠、教学内容断档、教材重复等问题突出，本科的课程内容和教材还停留在学科的知识体系中，强调知识结构的完整性和系统性，没有与职业标准融合，重理论讲授、轻技能训练以及存在的统编和滞后，与高职形成不了连续性等问题，不利于学生职业能力的养成，不能很好地适应经济社会发展对技能型人才培养的要求。主要体现在以下几点：

（1）现代职业教育体系还没有形成自身的知识和技能体系，各层次间缺乏衔接和沟通，教材的编写仍然停留在过去本科学科的知识体系中，教材内容与职业标准对接不紧密，没有体现职业和应用的特征。

（2）基础理论课程内容没有体现必需和够用为度的特点，其广度和深度没有服务于专业核心课程的需要，在每个层次都讲究学科内容系统性和完整性，所以，出现了在中高本有重复的知识内容。

（3）专业核心课程教学内容大段地讲解技术原理和依据，以及理论公式的推导过程，没有突出实践性和应用技术内容，如一些操作和维护的方法等。

（4）实习实训课只是作为理论课程的一个教学环节，没有单独成课程，所以，实习实训教材没有系统性，只有一个实训指导书，指导书中没有注重与专业理论课程衔接和照应，不能把握理论与实践之间的内在联系。

（5）教材没有体现实用性、先进性，不能反映现时生产过程中的实际技术水平。中职学生学过该门课程后应该能上岗操作课程中涉及的内容，高职学生能解决该门课程涉及的生产工艺中出现的技术问题，本科层次学生能针对该门课程涉及的目前生产工艺提出革新和改造。这样的教材仅仅依靠学校教师闭门造车是很难完成的。只有教师和企业生产一线的技术专家合作开发教材才能完成。

（6）除了纸质教材外，一门课程教学资源已不能满足日益发展的工艺、新技术的需要，许多时候需要呈现一些虚拟仿真实训平台演示、工作过程模拟演示和操作，以及生产操作流程的视频等多种形式的数字化教学资源。而目前的教材主要还是以纸质教材为主，教学资源不丰富，不能满足一体化教学的需要。

二、中高本衔接教材内容衔接的研究

现代职业教育的重要特征就是实践性，以培养学生的实际动手能力为主线，培养高素质劳动者和技术技能人才。所以，编写一体化教材注重以下原则：

（1）首先，围绕专业对应的职业岗位群，分析满足岗位及岗位发展。明确以职业资格证书为逻辑起点，确定中职、高职教育和应用型本科应取得的职业资格证书等级，确定职业资格证书所对应的职业知识和技能应达到的标准和程度，构建各层次人才培养的总目标。目前新版国家职业分类大典正在征求意见，大典征求意见稿的职业描述信息基本覆盖了我国 96 个行业大类的主要经济活动，依据社会劳动和职业活动的规定及所从事职业岗位具体工作任务的相关规定来确定标准，全面采集了各职业相关的学历、职业教育培训和职业资格要求等附加信息，突出了职业中技能水平的层次，可以更好地指导职业教育及职业培训工作，也可以指导现代职业教育体系中教材的编写工作。

（2）确定各层次人才培养的总目标，制定实现总目标的模块化课程体系结构。在课程体系中，按照中高本三层次横向和纵向内在逻辑整合成相对独立的知识点和技能点，以"必需、够用"为原则，再将知识点和技能点组合成知识单元形成每门课程的教学内容，编写对应模块化的教材。模块化的教材可以打破向研究型本科学科化课程的倾向，模块教材内容相对独立，如果哪个知识点和技能点出现了新技术或新知识可以替换或重新组合，则形成新的教材内容。

（3）注重实训课程体系的教材编写，实训教材要注意与专业理论课衔接和照应，应该包括学习该门课程所达到的目标（包括必须掌握的技能操作、培养职业素质内容）、对应的知识单元、技术要点及标准、操作规程及步骤等。由于该类课程要求在实训室中上课，所以，考核着重检查学生操作的熟练程度和解决实际问题的能力。

（4）只有校企合作，才能更好地编写出反映产业技术升级、符合职业教育规律和技能型人才成长规律的高质量教材。在基于职业教育一体化教材编写过程中，吸收行业发展的新知识、新技术、新工艺、新方法，对接职业标准和岗位要求，丰富实践教材的内容。技能型的人才应具备怎样的能力和知识结构只有企业才最清楚，所以，只有坚持行业指导、企业参与、校企合作的教材开发，才能使教材开发切实反映职业岗位的能力标准，对接企业用人需求。

（5）开发立体化教材，丰富现代职业教育教材表现形式，扩大教学资源。职业教育教材的建设应该更加注重现代化的信息技术在教材呈现形式方面的应用，使教材"生活化、情景化、动态化、形象化"。所以，通过建设基于该课程的网络课程，融入计算机仿真教学、数字化实训、微课视频等内容，扩大学生学习资源，同时，随时充实和更新，建立动态、共享的课程教材资源库，防止脱离实际和知识陈旧问题出现。

职业教育问题关系我国经济转型升级和长远竞争力提升，是为了培养与产业高符合度的技能人才，中职毕业生读高职，高职毕业生读应用型本科的目的，是希望知识得到提升，同时专业技能得到继续强化和提升，进一步增强其就业竞争力和提高就业质量。然而，由于职业教育体系还没有贯通，衔接还不够紧密，所以就是读了高一层次的学校，毕业后的竞争力也很难得到显著提升，通过一体化教材的编写能为实现中职、高职、本科的无缝对接提供案例。[①]

第六节　中高本一体化衔接实施与质量保证策略

一、中高本衔接实施模式

综上所述，中高本衔接实施模式从招生资格、招生方式和培养方式三个维度来体现。政策已破除体制障碍，中高本学校之间可以按规定政策报考和录取。除自修考试、继续教育等方式外，以全日制学习方式实现中高职衔接有以下模式：一是"3+2"五年制的中职毕业生可

[①] 别文群，伍妍菲. 基于现代职业教育体系的"中高本"教材开发探索[J]. 广东教育，2015（8）：50-51.

以经分段考试升入高职；二是初中毕业生以五年一贯制招生考试进入高职；三是中职毕业生通过技能高考进入高职；四是中职毕业生通过高职院校单招方式进入高职学习。

以全日制学习方式实现高职本科衔接有以下模式：一是高中毕业生通过普通高考录取进入"3+2"专本联合专业学习；二是高职毕业生参加教育部门和报考院校统一组织的专升本考试，录取升入填报的本科院校学习两年；三是高中毕业生通过普通高考录取进入试点职业大学学习四年。

二、中高本衔接实施状态分析

以湖北省2019年为例，全省中职校272所，在校生39.19万人，毕业生11.68万人，就业率97.47%，其中约60%为升学；全省高职60所，在校生45.47万人，毕业生14.41万人，就业率94.8%，其中13%为升学。以其中的咸宁市2019年为例，全市中职8所，毕业生5398人，除毕业就业外，通过技能高考、单招、"3+2"分段考试等方式升学3007人，占55.70%，其中单招升学占18.58%，五年制分段升学占3.48%，升学占了近60%；五年制高职、单招等生源比例较低，主要原因是招生专业及其招生计划指标的政策限制，但录取后转专业比例相当高，反映学生参与技能高考外的考试升学主要原因是成绩差，主要目的不在专业技能，而是学历；高职1所，毕业生4464人，专升本占2.5%左右，专本联合升入本科1.5%左右，与占有较大比例的专本套读、自修本科等非全日制专升本相联系，反映学生专本衔接目的是提升学历，而不是职业技能。

三、中高本衔接实施质量监管

质量要依据目标、标准进行评判。中高本衔接的目的是构建能够培养各类型各层级技术技能又具备一定理论水平、综合素质人才的现代职业教育体系,并在中高本之间建立"立交桥",低一层级毕业生能够进入高一层级教育。从这个角度来说,中高本衔接满足了职业教育毕业生以全日制学习方式继续学习提高自身学历的要求,主管教育的政府相关部门从政策上发挥了决定性的中高本衔接实施监管作用。从生源培养主体质量监管来说,"3+2"五年制高职、专本联合本科人才培养及其分段升学考试涉及两个独立的院校主体,又涉及人才培养方案衔接和体系化设计实施,这类学生培养的质量保证应是中高本衔接的重点和难点;专升本考试、技能高考都有政府参与组织,考试质量相对有保障。从政府主管部门的监管来看,省级主管部门通过组织专家组实施各院校整个中高本衔接实施工作的审查监管,确保工作实施规范。

四、中高本衔接质量保证存在问题剖析

质量保证是促进中高本衔接中的培养目标实现和课程体系有效运行的重中之重,中高本目前在衔接质量保证的标准、组织实施和监管整改等方面还存在一些问题。

(一)中高本衔接质量保证的标准问题分析

目前,对同一职业教育类型内中高本人才的衔接节点"技术技能"和不同类型教育的高本人才衔接节点"研究型人才能力和技能型人才能力"没有明确的标准界定。在实际实施中,中高本衔接分段培养的人才培养方案均由高一层次院校牵头制定和分段使用。各类型、层次的人才培养规格在知识、能力、素养上就没有形成成体系的逻辑主线,各院校制定的人才培养方案和课程标准,国家陆续分批出台的中职、高职专业教学标准、课程标准,还不是一个类型、层次清晰的中高本

衔接人才培养标准体系。

（二）中高本衔接质量保证的组织实施问题分析

在标准体系制定、衔接培养体系方面重视不够，衔接不紧。"3+2"五年制高职、五年一贯制高职、高职单招等给了达不到升学要求的生源继续升学的资格，变相降低了生源质量，造成实质上的不公平，强化了中高本衔接生源在低一层次的院校不是学习技术技能，而是去高一层次的院校获取更高学历的意识，反而产生中职不如高职、高职不如本科的错误导向，不利于以素养、能力指标为核心构建中高本衔接的现代职教体系。

（三）中高本衔接质量保证的监管整改问题分析

在实际实施中，中高本衔接质量保证的监管整改环节主要存在以下三个方面的问题：一是中高本衔接工作的"管"与"评"没有完全分离，多为同一政府主管部门自管自评；二是中高本衔接工作的"管"多而"评"少，"管"大多是政府主管部门对中高本衔接办学资格、招生考试录取、人才培养方案制定执行、分段考试升学等的监管，而独立第三方对中高本衔接办学效果、人才培养质量的评估很少；三是学校作为"办"学方，缺少多方常态化监管和约束机制，自我诊断改进没有实质性进展。

五、中高本衔接质量保证改进策略

根据中高本衔接的相关政策和制度规定，通过对当前中高本衔接实施模式、人才培养方案和具体实施状态分析，有必要剖析当前中高职衔接工作的改进策略，优化中高本衔接质量保证工作。

第四章 中高本专业一体化的构建与策略◎

（一）中高本衔接质量保证的标准建设改进策略

1. 构建以技术技能为主线的中高本衔接质量保证标准体系

保证中高本衔接的人才培养质量，三方面的标准最关键：一是能力标准，二是人才培养方案，三是课程标准。能力标准应是标准体系的核心，应由国家主导、行业企业参与制定，从知识、技术技能、素养等方面规定各类型、层次教育专业人才培养能力的主要核心指标，通过国家层面统一组织定期修订发布，指导各院校人才培养方案和课程标准的制定，并作为监管评价中高本各类型、层次人才培养质量的主要依据。在能力标准的规范下，这三方面的标准才算是构成了有主线贯穿的标准体系，中高本才具有衔接的逻辑基础。

2. 做好中高本衔接质量保证标准的五个对接

除了能力标准外，人才培养方案、课程标准应由学校遵循能力标准制定，既避免国家统一制定造成的同质化倾向，又能保持学校各自人才培养的特色优势。"3+2"五年制高职、专本联合、专升本等中高本衔接专业和高职本科试点专业，在遵循能力标准的前提下，联合办学的双方学校在联合制定人才培养方案、课程标准时，做到"人才培养规格对接""课程体系对接""课程教材对接""技能证书对接""实习实训对接"五个对接。把人才培养的知识点、技术技能点、素质要点等分类、分级成体系，细化到中职、高职、本科各个教育阶段和各个教学过程中，避免课程重复开设、避免教学内容反复教授，构建形成中高本衔接培养体系。

（二）中高本衔接质量保证的组织实施改进策略

1. 建立对接"1+X"证书的中高本衔接技术技能培养质量保证运行模式

"1+X"证书制正在全国加紧试点推行，中高本衔接要转变知识衔接体系，对接"1+X"证书制，构建中高本各类型、层次教育的技术技能衔接体系。技术技能按专业和中职、高职、职教本科、普教本科的人才培养规格要求分类、分层设定，并以技能证书为证。技能证书不与学历捆绑约束，中职毕业生可以考取本校及高职院校设置的技能证书，高职毕业生可以考取本校、职教本科、普教本科院校设置的技能证书。这既解决了中高本衔接资格考试所强化的学历导向问题，又推广了"1+X"证书制，更有利于实现中高本技术技能有效衔接和提高人才培养质量。

2. 实施对接"学分银行"的中高本衔接知识素养培养质量保证运行机制

教育部已于2020年下文部署职业教育国家学分银行建设工作，在做好课程体系对接、课程教材对接、实习实训对接的基础上，中高本衔接院校要对接"学分银行"，将有关的专业知识、素养方面的课程、教育活动纳入学分互认和学分银行认定范围。这既有助于体现人才培养特色，又可以促进中高本在知识、素养等人才培养规格方面的有效衔接。

（三）中高本衔接质量保证的监管改进策略

1. 健全独立第三方参与中高本衔接质量保证的督导评估机制

根据国家"管评办"分离要求，明确独立的评估组织，区别于政府"管"的部门，可以是政府督导评估部门，也可以是行业企业参与社会评价组织。依据能力标准、人才培养方案、课程标准和学校教学实施等，通过学生问卷调查方式，突出中高本衔接的人才培养质量的第三方评估，并及时反馈给政府主管部门、学校办学主体，以评促改。

2. 运行面向社会公开参与中高本衔接质量保证的全面监督机制

公开是质量保证的基础，社会全面参与是最有效的常态化监督。中高本衔接各工作环节特别是能力标准、人才培养方案、课程标准等，要面向家长、学生和社会广大群众公开，并明确向政府主管部门、督导评估部门和学校投诉、咨询、反馈的方式、渠道，使中高本衔接办学主体学校，随时接受社会广大群众的全面监督。这可以有力促进学校做好常态化整改，保证中高本衔接工作质量不断提升。[1]

---

[1] 高焕清，石裕勤，余敏."中高本衔接"实施现状与质量保证策略研究[J]. 湖北科技学院学报，2021（3）：139-142.

第五章　中高本专业一体化衔接举隅

第一节　园林工程专业中高本衔接课程体系构建

本章节对福建省园林工程专业中高本衔接课程体系的构建过程进行详细分析，分析中高本衔接现状，总结中高本衔接目前存在的困难，并且对与园林工程专业中高本职业教育有关的课程结构、内容、目标、评价、实施等方面进行分析，探索各方面形成有效衔接的具体路径和方法，以构建起一套科学完善的中高本衔接课程体系，培养出更多的符合园林产业发展需要的综合人才。

一、园林工程专业中高本衔接现状和存在困难

（一）园林工程专业中高本衔接现状

近几年，福建省在中高本衔接方面进行了一系列改革与创新，致力于构建一体化的中高本课程衔接体系。现阶段，福建省园林工程专业使用的中高本衔接方式有两种：一个是五年一贯制中高本衔接，另一个是"3+2"分段制中高本衔接。此外，还有两种衔接方式没有落地，

分别是"3+2"高职与本科衔接方式、"3+4"中职与本科衔接方式。这两种衔接方式没有落地,说明福建省园林专业的中高本衔接体系还没有真正优化和完善,还没有建立起顺畅的职业教育成长路径。

(二)园林工程专业中高本衔接存在困难

1. 课程设置重复难解决

调查结果表明,园林工程专业的课程存在不同程度的重复。中职、高职和本科阶段有五门课程非常相似,中职和高职两个衔接阶段有七门课程非常相似,高职和本科两个衔接阶段有十一门课程比较相似,中职和本科两个阶段有七门课程重复。两两对比发现不同阶段之间的课程重复现象非常严重,导致教学内容存在一定程度的重叠。课程的重复也说明中职、高职和本科阶段没有形成递进式的课程体系。而且分析课时数量可以发现中职阶段的课时最多,这说明当学生步入高职学习阶段和本科学习阶段时要重复学习很多内容。

2. 课程资源共享难实现

中高本院校之间没有建立有效的沟通机制,都注重自身的独立发展,很难做到课程资源共享。各个院校使用的人才培养方案都不一致,每个学校掌握的教学资源也有所差异,学校之间没有形成合作关系,没有整合教育资源,导致资源不可避免地被重复利用,没有发挥出更好的作用,在一定程度上被浪费。

3. 课程学习学分难转换

中高本院校各自为政,彼此独立地进行教学管理,没有构建一体化的管理体系。也没有使用统一的评价标准,没有办法进行学分转换。学生在中职阶段获得的课程学分,没有办法在高职或者本科院校中应用,导致学生的学习成果没有办法顺畅地顺延到下一个学习阶段。

4. 课程教学互通难达成

中高本院校实施独立教学,使用独立的管理制度,独立的教学评价体系,在这种情况下,学校之间很难进行有效的教学组织联合工作,不同层次的教师只能独立开展课程教研活动,很难开展跨层次的课程教学活动。

二、园林工程专业中高本衔接课程体系构建路径

(一)课程体系构建思路

想要实现中高本职业教育的衔接,必须将这三个阶段的课程体系有效衔接在一起。在构建一体化的课程体系时,学校需要遵循"产业对接、就业导向、循序渐进系统培养,以能力为本位"的原则,需要把学生职业能力的形成看作课程体系构建的主线,要考虑学生不同成长阶段的需要;尊重职业成长规律,让知识的学习从简单到复杂;结合社会对园林岗位的需要,有针对性地为学生提供知识和技能培养,打造一个层级逐级递进、中高本纵向有效贯通的一体化课程体系,以满足人才培养在不同阶段提出的不同需求。

(二)课程体系构建路径

园林工程专业中高本一体化衔接课程体系的构建不能简单地把不同阶段、不同层次的职业教育相结合,而是要对所有要素进行有机整合,要保证专业设置、课程内容设置、教材选择、目标设置、教学方式、教学评价等方面实现整体有效衔接。

1. 专业设置衔接

学校在设置专业时应该遵循教育部 2021 年颁发的《职业教育专业目录》中的专业设置要求，在此基础上确定中高本三个阶段的专业设置情况。园林专业大类中包含的二级专业相对较少，在中职阶段应该主修园林技术和园林绿化，在高中阶段应该主修园林技术、花卉生产和花艺，在本科阶段应该主修园林工程。

2. 培养目标和规格衔接

园林工程专业在确定中高本职业教育培养目标和培养规格的衔接标准时，应该先考虑园林产业结构调整需求。综合来看，无论哪个教育阶段都需要以立德树人为基本的培养目标。在此基础上，中职院校应该以培养高素质劳动者，高素质的园林技术、园林绿化方面的技能人才为目标；高职院校应该以培养高素质的花卉生产技能人才、花艺专业技能人才为目标；职业本科院校应该以培养高素质的园林工程技能人才为培养目标。

这样的培养目标界定，体现出了培养目标设置的职业性特点、递进性特点和应用性特点。在培养目标存在差异的情况下，不同阶段的人才培养规格也要有所区别，学校应该科学地界定这三个阶段知识学习、能力学习、素质培养的临界点。以园林工程施工课程为例，中职阶段该课程教学应该设置园林绿化工人、园林绿化工程技术人员、有害生物防治员、初级园林植物保护工程技术人员等专业目标岗位；高职阶段开展教学活动，应该以培养中级园林绿化工程技术人员、植物保护工程技术员等类型的人才为目标；职业本科阶段，应该致力于培养高级园林绿化工程技术员、风景园林工程技术员，以及园林植物保护工程技术员等类型的人才。

3. 课程体系衔接

福建省为了解决园林工程专业中高本课程设置过多重复的问题，尝试对中高本课程体系进行一体化设计。在设计课程体系的过程中，福建省教育部门将园林职业岗位群岗位工作任务作为设计的基础和前提，然后按照国家制定的执业资格标准系统地进行改革。福建省教育部门决定在试点改革过程中运用"1+X"的证书试点方式，这种方式要求以具体工作过程改革为基本主线，致力于培养学生具备岗位执业能力，然后在此前提下遵循分层次、分模块的思路构建一体化的课程体系。

一体化的课程体系实现了学校和学校之间的衔接贯通，并且将课程分成了不同的模块，例如公共课程模块、专业核心课程模块、专业基础课程模块、综合实践课程模块以及专业素质拓展课程模块，这些模块的设计避免了课程的重复设置。福建省教育部门专门对园林专业的职业岗位进行调研和分析，并且邀请专家确定园林工作过程中要面临的重要工作任务，然后通过校企联合的方式共同构建园林工程专业的"3+2"高职、本科贯通课程体系，以及园林技术专业的"3+2"中职、高职贯通课程体系。

4. 课程内容和教材衔接

中高本职业教育课程体系的衔接工作在实践操作过程中，主要以课程内容衔接为核心和重点。课程内容的有效衔接依赖的是课程标准的有效衔接。福建省联合各个院校和企业，以校企合作形式开展调研，确定岗位的重点工作内容，然后确定中高本三个层次人才培养要达到的目标，最终经过统筹分析明确了课程标准，即中职院校设置七门核心课程，高职院校设置六门核心课程，职业本科院校设置六门核心课程。与此同时，还专门针对中高本三个不同的教育层次，分别设置了教学目标要求和教学内容要求，最终构建出了中高本三个教育阶段知识纵向递进的结构体系以及课程内容横向拓宽的课程体系。在这样的课程体系下，学生的职业技能水平是逐层提高的，会慢慢具备职业发展所需要的知识迁移能力，慢慢形成较高的职业素养，而且知识学习不会重复、不会脱节，教学不会出现断层现象，各层次的课程学习做到了有效衔接。另外，学校在设置中高本衔接的特色教材时，应充分遵循学生的成长规律和认知规律，通过学校之间的合作对教材内容进行编写，保证教材内容紧贴园林行业的职业需求，融入园林行业最新的研究成果，强调知识能力的培养和岗位实践能力培养的结合，实现了知识和技能的逐层递进。

5. 教学过程和方式衔接

中高本职业教育的有效衔接需要注重教学过程和教学方式的有效衔接。福建林业职业集团牵头开展职业教育，使用集团化的办学方式，联合企业和其他院校共同推进职业教育更好发展。在福建林业职业集团的带头引领下，学校和企业之间实现了有效合作，共同开展教学研讨会，共同制定教学管理方式，共同分享教学资源库。在与核心课程有关的教学标准确定下来之后，学校与学校、学校和企业还会共同对教学资源进行开发。各院校还积极构建自主学习平台，积极分享优质的教学资源，为学生提供更广阔的学习空间。学生可以根据自己的学习需要综合使用线上和线下两种学习方式，获得更丰富的学习内容，激发学习的主动性，而且，不同的学校之间成功做到了学分互认。在学校与学校、学校与企业合作的过程中，很多项目对接问题、教材对接问题得到有效解决，中高本一体化人才培养模式也在持续升级，各层次、各阶段的院校所使用的教学方式也都符合教学目标的要求，符合工作岗位的要求。总而言之就是，各项教学工作在有效的保障下稳步推进。

6. 质量评价标准衔接

首先，学校要做好升学阶段的考核评价工作。"3+2"中职、高职贯通和"3+4"中职、本科贯通都需要中职院校的学生在学习的第三年转学步入下一个学习阶段。在转学的过程中，学校应该做好转学的考核评价工作，只有学生的成绩合格，并且有升学意愿的情况下才可以转学。其次，中高本一体化园林工程专业的教学标准应该统一，各阶段应该遵照相同的教学管理标准对人才进行一体化培养，保证人才培养目标、培养规格以及课程体系能够实现有效衔接。最后，中高本各层次的学校应该合作共同制定《中高本一体化学分制管理办法》，并且开展试点工作，为试点专业的学生创建个人账号，允许学生对不同阶段的学习成果进行转化。中高本院校应该做好中高本课程转换机制的建设工作、职业资格学分管理机制的建设工作，保证学分或者学习成果的转化有效实现，保证中高本贯通式人才培养工作稳定推进。

三、园林工程专业中高本课程体系衔接保障措施

（一）科学设计衔接培养机制

首先，教育部门应该从总体角度做好园林工程专业中高本衔接的课程体系建设工作，从全局角度设计一体化的人才培养方案。其次，学校和企业应该联合确定中高本联合管理的管理制度和管理方法，为管理工作的有效开展提供依据。最后，学校和企业应该建立长久稳定的合作机制，为人才培养保驾护航。

（二）跨校组建联动管理机构

中高本三个教育层次的院校应该从学校、院系和专业三个层面出

发，构建联动管理机构。联动管理机构可以从整体角度对中高本院校的教学工作进行管理。在学校管理层面成立管理部，统筹负责与教学有关的管理工作，在专业管理层面成立管理小组，负责具体的教学事务和学籍事务。学校和企业共同建立指导委员会，负责指导课程教学工作和专业建设工作。

（三）政校企协同推动中高本贯通培养

国家教育部门以及省教育部门应当从整体角度切入，出台文件引领各院校有序开展中高本衔接工作，教育部也应考虑到工作开展的具体需要，为中高本衔接工作划拨资金，组织人力资源。福建林业职教集团应该积极推动企业参与办学，让企业变成办学主体，引导企业深入参与人才培养工作。院校应该积极同企业联合，共同制定人才培养方案、课程标准，共同打造教学平台，保证中高本衔接培养试点工作顺利开展。

福建省园林工程专业在中高本课程体系衔接方面所作的探索，为其他省份相同专业中高本衔接课程体系的构建提供了有效参考。其他省份园林产业在数字化转型升级的过程中可以借鉴福建省的做法：前期做好专业调研工作，根据调研结果划分中高本三个教育层次的边界点，在此基础上分别确定不同阶段的人才培养方案；然后从整体出发做好不同教育阶段间的一体化人才培养工作；最后应该明确中高本核心课程的课程标准，分别从课程目标、结构、内容、实施和评价等方面入手，制定中高本衔接的具体对策，构建与园林工程专业课程有关的衔接体系。[1]

---

[1] 黄云玲，黄淑燕，危静美.园林工程专业中高本衔接课程体系构建的研究[J].福建教育学院学报，2022（7）：86-89.

◎中高本专业一体化衔接研究

第二节　学前教育专业中高本贯通人才培养的教学实践

2016年，北京市为了提高民生福祉，为了更好地满足高质量儿童教育需求，开始推进"3+2+2"贯通培养师范生项目，该项目由北京联合大学和北京市商业学校共同负责，该项目代表北京市积极推进高质量人才培养的长学制，积极进行教育教学创新。但是，该项目存在合作共育问题、中高本一体化设计问题。为了处理问题，两所学校将园所联合起来建设一体化人才培养机制，人才成长各阶段的课程做到了有效衔接，两所院校真正打造出了合作共育模式。在学前教育贯通人才培养方面，创造出了全新的培养范式，真正做到了"园校融合中高本一体"。教育行政部门工作的开展、学前教育专业的课程设置都可以参考该项目取得的探索成果。

一、学前教育专业中高本贯通人才培养的教学原则

（一）目标循序递进

循序渐进原则要求学前教育的开展必须有序推进，中职学校应该将学生培养成具备初级幼儿教师职业资格的专业人才，在培养人才时要考虑从横向角度出发；高职院校应该将学生培养成具备中级幼儿教师职业资格的专业人才；而应用型本科院校则需要将学生培养成具备高级幼儿教师职业资格的专业人才。但是，需要注意，初级中级到高

级的转变并不是以飞跃方式完成的,而是以循序渐进方式完成的。[①]因此,分析层级的变化可以发现,在培养学前教育人才时,应该让学生慢慢地学习和了解幼儿教师要具备的技能。技能培养过程中,可以按照类别分成艺术技能培养、语言技能培养、教育技能培养、三字一画专业技能培养等方面。举例来说,可以培养学生形成游戏活动的组织技能、幼儿日常生活的管理技能、与家长交流沟通的谈话技能、教学活动的设计技能。

(二)内容模块贯通衔接

我国学前教育教学的框架以中等和高职本科院校为主,在这样的情况下,学前教育教学实践活动的开展需要吸收其他国家的优秀经验。教育课程需要分类,如可以分成综合实践课程、职业理论课程、公共基础课程、职业技能课程。不同的课程模块需要相互关联,在推进课程的过程中也需要循序渐进,按照顺序排列推进。[②]课程模块合理划分之后,需要将不同的模块内容分配到不同的学校当中。学校所处层次不同,要教学的课程也是不同的,这样,学生就可以在不同的层次学习到不同的知识与技能。随着学校层次的提升,学生的技能水平也会越来越高。在公共基础课程模块,学校要让学生成为具有基本道德素质的人才;在职业理论课程模块,学校应该培养学生形成优质的思维能力,让学生掌握专业教学需要的理论知识;在综合实践课程模块,学校需要让学生掌握开展实践活动的能力;在职业技能课程模块,学校要让学生掌握幼儿教学所需的基本职业技能。综合来看,课程体系当中内容模块的有效衔接,保证了学生可以成长为有素质、有能力、有责任的人才。

[①] 曲丽秋,黄海洋. 以一体两维三全四性五保障为引领的中高本贯通人才培养创新与实践:以学前教育专业为例 [J]. 卷宗,2021,11(21):330-331.

[②] 王海英,俞燕,丁忠维. 学前教育专业中本贯通教育培养的研究与思考 [C]. 2017年度职教改论坛论文集,2017:740-744.

二、学前教育专业中高本贯通人才培养的教学任务

（一）培养目标的贯通

人才培养目标的研究与探索要关注两个方面：一个是幼儿教师基础能力的养成；另一个是幼儿教师专业技能、职业素质、职业能力的养成。幼儿教育有多个培养目标，所以目标的制定需要多个学科教师的共同参与，而且，即使是同一专业，在不同的发展层次人才目标也不同。教育专家们应该致力于解决不同阶段目标一致性以及目标相容性的问题，要关注三个层次发展目标的协调和一致。中职教育要以实践型保教人员的培养为教学基本任务，高职教育要致力于培养有实践反思能力的教师，本科教育要致力于让学生掌握教学智慧。清晰界定了各阶段的培养目标之后，中高本院校在培养人才时就可以有针对性地开展教学活动。

（二）课程内容的贯通衔接

使用中高本课程贯通人才培养模式的情况下，不同层次和阶段使用的课程内容应该有差异，不应该存在过多的重复。把人才培养划分成不同的阶段，明确不同阶段的培养定位之后，课程的重复情况可以有效降低，各种各样的资源可以有效利用。课程内容重复程度的降低可以使用以下两种方法：首先，从培养目标角度出发，判断该阶段是否需要开设某一课程；其次，从不同层次课程的联系角度出发，确定课程是否需要重复设置。如果下一阶段只是对课程进行更深层次的了解和掌握，那么课程设置可以相对简化，保留部分需要的内容，避免其他内容的重复。在课程结构、课程体系设计以及课程转化这三部分关键内容明确之后，学前教育专业课程体系基本形成，三个不同教育

阶段的课程基本做到了模块之间的融会贯通，不同的学习阶段之间也形成了有效衔接，可以说学前教育打造出了一个有联系的课程群。

（三）课程评价的贯通衔接

评估工作的开展需要以人才培养目标为标准，评估时可以综合使用定性评估方法、定量评估方法，评估可以在一定程度上指导中高本教育的改革工作，调节中高本教育的发展进程。分析学前教育职业课程考核，可以发现几乎所有层次都有考核形式单一的不良问题，当下急需做的工作是丰富考核体系，并且注重不同层次考核体系之间的有效衔接。多层次、丰富的、综合的评价体系构建，需要教育部门、师生、社会、企业机构共同参与。整体来看，中高本学前教育评价应该注重过程评价，在此基础上，辅助结果评价。评价应该从教师、学校、行业以及社会四个角度出发。

三、学前教育专业中高本贯通人才培养的教学实践

（一）课程开发，由"块块"到"条条"

普通高校如果想要转向应用型院校，那么，需要衔接中职院校和高职院校，建立起连贯的专业链条。目前，各个地区的中高本学前教育专业发展基本是在区域内自主开展。在这样的情况下，省级教育部门应该专门针对学前教育发展，建立"自主学前制约课程开发委员会"，结合幼儿园发展对人才的需求，在高职院校应用型本科院校培养教师人才。省级教育部门应该按照教育部颁发的《幼儿园教师专业规范》当中的要求设置学前专业课程，对学前教育工作的开展实行有效管理。①

---

① 时松. "3+4" 学前教育专业人才培养的问题与对策 [J]. 求知导刊, 2018 (33): 119-120.

而且，中职高职和本科应用型院校都应该制定学前教学大纲，各个级别的院校应该根据教学大纲目标针对性地调整学校的培训活动，慢慢地改变之前以"块块"为单位的发展现状，将各阶段的学前教育专业课程有效衔接起来，丰富专业课程的层次。

（二）课程标准，由"零散"到"统一"

我国建立的首个幼儿园教师职业标准现阶段还在实行过程中，它的出现代表幼儿园教师职业有了职业标准，改变了之前幼儿教育职业课程标准过于分散的问题，在一定程度上有助于学前教育专业人才的更好培养。该标准实行一段时间之后，教育部门应该结合幼儿教师职业发展的客观需要，尽快从统一角度制定幼儿教育职业标准，确定清晰的课程目标。制定标准的时候，教育部门应该从全局角度组织教育专家、教育管理人员、幼儿教育发展负责人以及院校负责人参与分析，结合各方的意见和经验，制定出科学的学前教育职业课程标准，并且以标准为指导编写各科教材。标准制定之后，应该在全国范围内加紧推进，保证学前教育与各个阶段的院校都可以根据课程标准选择适合的教材。

（三）课程评价，由"学校"到"社会"

目前，无论是中职、高职还是应用型本科，三个院校基本都是在校内开展学前教育评估工作，整个评估过程没有社会人员的参与，这导致评价不综合、不客观。在这样的情况下，评价主体应该更加丰富，邀请社会人员参与评价，让评价变成社会性评价。首先，学校应该对考试方法进行创新，要求学生不仅要参加笔试，还要参加面试考核，要综合考查学生的知识素养和技能。这样的考试方式获得的结果更加公正，也能选拔出更优秀、更适合的教师。其次，评估工作的开展应该融会贯通，各个地区的教育部门应该统筹推进中高本学前专业评估工作的开展，应该建立评估机构，确定评估的标准、内容以及方式。社会在评价幼儿教育的过程中，最为关注的因素是教育质量。最后，可以引入社会满意度测量法，该方法有助于测试社会对各层次毕业生的满意程度。用人单位可以分别从中职、高职以及本科三个层次评判学校的教育质量。综合来看，评价工作的开展应该遵循全方位育人的评价理念，评价模式应该更多元、更立体，更注重综合素质内容的评估。

（四）学分转移，由"研究"到"实践"

分析国内外的研究成果，可以发现学分转移和学分积累方面的研究成果相对丰富，特别是在国外的发达国家，学分转移已经在实践中得到了成功应用，还有一些国家率先开展了跨越国界的学分转移。我国在着手进行学分转移的过程中，可以吸取一些国际已有的经验和教训。学分转移的优势在于为学生提供更多发展途径，让学生可以学习更多课程内容，提高学生的学习效率，节省学生的学习费用。而且，学分转移推动了混合型人才的培养。中职、高职以及应用型本科院校可以借助学分转移实现发展的双赢。在学生转移政策的有效推动下，学生可能会在不同行业之间有效流动。现阶段，国家积极推动学分银行的建设工作，要求尽快缩小不同教育项目之间存在的差距。但是，现阶段学分银行的建设工作还停留在理论层面，没有在国家层面、省区层面以及地市层面推进。在未来实际推进过程中，学分银行可以支持学生在不同的学习地点、环境、时间学习。学生可能会通过大学课堂、网上课堂或者其他方式的学习获得学分。

（五）贯通方式，由"一点"到"两线"

如果把不同级别的学校设置的学前教育课程看作具体的"点"，

那么，在接下来的学前教育专业发展过程中，这些课程必须向横向和纵向延伸，建立联系而构成"线"。纵向方面的连接是指中高本学前教育专业应该纵向贯通，中职教育、高职教育和本科教育之间应该形成有效的联系，与此同时，还要着重关注中职、高职和应用型本科三个院校的课程，这些院校的课程体系与外部的职业资格认证体系之间也应该建立有效联系。为了保证不同的体系之间能够有效统一、协调联系，各级学校必须设置清晰的教学目标，学前教育机构教师资格制度也必须有效优化和完善。当下使用的教师专业职级考核制度没有办法满足各级教育目标的需要。以中职、高职和应用型本科类别划分标准进行人才培养模式调整，不同级别的人才掌握的专业知识是不同的。分析执业资格认定的不同之处，可以发现它显现的是不同级别学校在教学方面的差异。执业资格认定差异是课程体系可以在纵向方面建立联系的前提。各级学校需要以学分转移为基础，扩大生源招生范围。

（六）组织形式，由"单独"到"统筹"

中高本院校利用贯通教学实践模式的方式，很难做到"一站式"推进幼儿教育专业的发展。在这样的情况下，需要国家教育部门或者省级教育部门从全局的角度统筹规划。统筹规划时要考虑不同层次学前教育的特征。举例来说，职业教育机构学前教育专业课程体系在建设的过程中，要考虑学生发展的利益诉求，也要着重关注体系和高职院校学前教育课程体系之间的联系。再举例来说，应用型本科院校需要考虑用人单位对岗位提出的要求，也要考虑到打工学生的具体利益诉求。如果想要保证各学前教育课程体系之间的协调一致，那么必须从全局角度统筹兼顾，建设出能够有效保障各级课程体系有效联系的全新发展模式。但是，模式的构建不可以影响各级学生的就业。在支持人才发展方面也需要体现出统筹原则，国家教育部门或者省级教育部门在统筹推进的过程中，需要提供必要的经费支持和人力资源支持。

中高本学前教育专业课程贯通教学体系没有办法由某一个学校的力量单独构建，教育部门需要从全局角度统筹协调各方，保证各方的有效配合，在此基础上完成体系建设。

学前教育发展需要优先注重师德建设，需要建立并且优化师德培养模式。我国社会快速发展，社会越来越需要素质高、能力强、水平高的高端人才。为了满足社会对人才的需要，需要整合中高本院校课程体系。传统教学培养出的技能人才没有办法满足现代社会的发展需要，幼儿教师人才市场需要更多素质高的综合人才。在这样的情况下，中高本贯通教学体系的建设速度必须提高，教育部门必须积极探索更适合各级学校的人才培养模式。中高本贯通教学体系建设，有助于各个层次的学校更好地面对社会发展带来的严峻挑战，有助于社会职业教育水平的整体提升，也有助于我国教育体系的完善，有助于我国构建现代化的学习型社会。[①]

第三节　基于跨境电商专业中高本贯通培养的课程体系构建

2021年教育部发布了《职业教育专业目录》，目录当中明确指出，中等职业教育、高等职业教育以及职业本科教育可以设置电子商务类当中的跨境电子商务专业。因为在目录当中有明确规定，所以，跨境电商可以展开中高本贯通工作。跨境电商中高本贯通工作的开展需要考虑跨境电商岗位提出的能力要求，在此基础上可以确定中职、高职

[①] 孙敬. 学前教育专业中高本贯通人才培养的教学实践研究[J]. 现代职业教育，2022（11）：155-157.

以及高职本科阶段跨境电商人才培养的目标。不同阶段培养目标的确定是中高本跨境电商专业课程科学划分的前提和基础，不同阶段课程的有效衔接以及专业课程的一体化体系建设，都需要以人才培养目标为基准。分成不同的层次展开跨界电商的人才培养工作，有助于为人才提供更顺畅的就业渠道和升学渠道，可以满足跨境电商企业对人才提出的不同需求。跨界电商专业的中高本贯通发展，既能够提升教育和职业岗位之间的匹配度，还能够凸显职业教育的教育特色。

一、文献回顾

随着现代职业教育体系的构建，学者对中高本贯通培养课程体系建设的研究越来越关注。曾姗对中高本课程体系的衔接方法进行总结，主要包括单元衔接法、直接衔接法、核心阶梯法、学校衔接法、分类衔接法。[①]何文娟指出，中高本课程衔接要注重分层管理和设计，关注专业知识和职业技能的综合衔接，并做好相关课程在线精品资源的建设等。[②]张海燕对中高本贯通领域进行研究时将立体化课程建设融入了课程体系构建，提出立体化课程涵盖活动型课程和实训实践类课程，并从显性课程和隐性课程两个方面分析。[③]朱军和张文忠在研究中指出，要以能力层次结构理论为衔接依据，开展中高本贯通培养的课程教学衔接，避免出现中高本贯通时课程教学简单叠加的问题。[④]马婧提出，

[①] 曾姗,杨晓荣,闫志利.中高本课程体系衔接的域外经验与我国实践研究[J].中国职业技术教育，2017（5）：62-67.

[②] 何文娟."中高本"贯通课程体系构建的探索研究[J].佳木斯职业学院学报，2019（3）：267-268.

[③] 张海燕.中高本贯通的职业教育立体化课程建设研究[J].中国职业技术教育，2019（8）：42-46.

[④] 朱军,张文忠.基于能力层次结构理论的职业教育中高本贯通教学衔接探究[J].职教论坛，2020（8）：54-58.

第五章　中高本专业一体化衔接举隅

中高本衔接课程体系建设要以区域经济发展为需求，以职业技能等级为依据，设定中高本贯通培养目标和衔接方式。[①]田黎莉和双海军基于中高本职业能力发展逻辑，分析中职、高职和本科不同阶段的职业能力要求，以此为基础进行专业课程的开发。[②]

具体的专业研究主要集中于会计专业、汽车类专业、机电类专业、能源类专业及旅游类专业。高焕清以会计专业为例，分析了中高本课程体系一体化衔接存在的问题——主要有中高本不同阶段重复设置课程、不同阶段目标不清晰，提出要明确培养定位、基于岗位能力构建课程体系。[③]胡雪芹基于旅游管理专业开展中高本一体化课程体系研究，对专业课程的设置、课程标准以及教学内容展开分析，并提出了相应的机制保障措施。[④]王钰等对汽车服务类专业开展中高本一体化课程体系的实践，从职业能力培养的视角构建一体化课程体系，解决课程设计与职业能力脱节的问题。[⑤]

对跨境电商专业中高本贯通培养的课程体系构建，要依据中高本不同层次的培养目标定位，基于职业面向的岗位能力和职业技能，进行一体化课程体系的设计和构建，而课程体系构建要充分考虑课程形式的多样性，将线上线下结合、显性隐性结合的立体化课程融入一体化课程体系的构建。

[①] 马婧，于军，王明霞，等.刍议中高本衔接课程体系建设的问题及对策[J].陕西广播电视大学学报，2021（1）：78-81.

[②] 田黎莉，双海军.基于职业能力发展阶段理论分级开发中高本贯通课程路径研究[J].中国物流与采购，2022（5）：51-52.

[③] 高焕清.中高本课程体系衔接策略研究——以咸宁职业技术学院会计专业为例[J].财经界，2020（26）：119-121.

[④] 胡雪芹.应用型本科院校旅游管理专业"中高本"衔接课程体系建设路径[J].当代旅游，2022（4）：71-73.

[⑤] 王钰，卜军伟，韩飒，等.基于职业能力的汽车服务类专业中高本一体化课程体系构建与实践研究[J].时代汽车，2022（1）：67-69.

◎中高本专业一体化衔接研究

二、跨境电商专业中高本一体化课程体系的构建

（一）构建思路

构建跨境电商专业中高本一体化课程体系的过程中，要以职业面向为构建基础，要遵循跨境电商专业中高本三个层次所设定的培养目标要求进行体系建设。体系建设既要考虑到不同层次的不同培养要求，也要考虑到不同层次在培养目标方面的衔接问题、贯通问题。

第一，把培养目标当作一体化课程体系建设的导向。在中职教育过程中，跨境电商专业要将学生培养成能够操作电商平台、开展内容营销、能够向平台推广内容、可以开展客户服务、可以进行跨境数据采集的人才；高职阶段，跨境电商专业主要是将人才培养成能够运用跨境电商职业理论知识、可以使用跨境电商职业技能进行电商产品筛选、电商产品运营、电商活动策划、电商视觉营销设计等工作的高素质技能型人才；本科职业教育阶段，跨境电商专业主要是将人才培养成可以有效开展跨境电商产品美化、产品开发、产品推广设计、产品运营管理、产品数据分析以及产品创新等工作并且有较强工作素养、工匠精神的技术型人才。综合来看，中高本不同阶段对人才设定的培养目标是有差异的，中职阶段更加关注操作技能，高职阶段应该让人才具备操作能力、问题分析能力；本科教育阶段应该致力于培养人才的管理能力、运营能力，要让人才真正变成跨境电商领域的高端技术人才。

第二，把专业能力需求当作一体化课程体系建设的主线。新发展格局逐渐建设起来的过程中，跨境电商行业以较快的速度崛起和发展，市场需要越来越多的跨境电商专业人才。从企业的角度入手分析可以发现，小型企业更注重学生是否能够进行跨境电商操作，中大型企业更加注重学生对跨境电商问题的分析和处理能力，中大型企业希望学生对跨境电商的发展有系统认知。在这样的情况下，构建一体化课程

体系需要考虑市场对跨境电商行业学生的能力要求，分层次地将学生培养成不同企业需要的技术型人才。

（二）课程分层与衔接

在设计跨境电商专业中高本贯通一体化课程培养体系的过程中，需要将课程以立体化的方式融入体系建设当中，以此来让学生形成职业需要的综合能力。在进行课程设计的时候可以将课程分成两个模块，一个是隐性课程模块，一个是显性课程模块。刘成新在研究立体化课程内涵之后指出，显性课程是指人才培养方案当中明确使用的有助于人才培养工作组织化开展、系统化开展的课程体系；隐性课程是指在培养学生过程中使用的非正规形式的课程，如说社团活动、校企合作活动、职业竞赛[①]。设计多样化的活动可以让学生对职业岗位形成综合认知，可以帮助学生更好地进行职业规划，还能够提高学生的就业能力。中高本贯通在设计一体化的人才培养目标时，考虑的是学生专业能力提升的需要，并且以学生专业能力水平的递进提升为主线，构建科学系统的培养规格体系。在培养目标、培养规格确定的情况下，学生的职业能力提升、职业素养提高有了明确的保障。综合来看，跨境电商专业中高本贯通培养课程的设计导向是培养目标，设计主线是学生的专业能力需要，设计支撑是显性和隐性课程。

（三）课程体系设计

1. 显性课程体系设计

显性课程强调对学生进行技能培养和知识培养。显性课程教学可

---

① 刘成新. 立体化课程的内涵及其特征解读[J]. 现代教育技术，2010（4）：42—46.

以使用线下教学方式、线上教学方式或者二者的混合方式。学生学习生涯中要了解的一般性课程都包括在显性课程当中，例如与专业有关的基础课程、所有学生都要学习的公共课程，以及为学生专业能力提升而设置的核心课程、拓展课程等。中高本不同阶段对学生的培养要求不同，所以，选择的课程内容有一定的差异，课程设置也有不同的方式。

中职阶段考虑到学生没有建立较为稳健的专业基础的情况，考虑到学生没有形成较强的理解分析能力的现状，学校会更加强调教师对学生课程学习的指导。传统课堂教师会亲自给予学生动作示范，与此同时，教师也会提供给学生网络资源，让学生通过图片、视频了解电商操作的具体特点。线上教学和线下教学混合的方式可以满足学生对知识学习的需求，能够提高学习效果。高职阶段，学生具备一定的学习基础，掌握了跨境电商平台操作需要的基础知识和基础操作能力，在这样的情况下，线下教学的开展可以突出行动导向，可以通过情境设置的方式对学生展开教学。线上教学则更应该注重从系统角度对跨境电商职业的工作进行设计，让学生了解跨境电商职业工作的全部流程。在高职阶段，线上教学和线下教学混合的方式可以为学生提供更多的资源，也能够突出教学过程中的互动，有效地提高教学效果。职业本科阶段，学生已经基本掌握跨境电商专业的全部理论知识、全部实践技能，这一阶段应该注重培养的是学生处理实际问题的能力。在线下教学过程中，教师要引导学生利用知识处理问题，要引导学生通过探究的方式研究问题、分析问题。线上教学教师应该为学生提供问题处理的具体案例。在这一阶段，线上教学和线下教学的混合有助于将学生培养成探究型学生、研究型学生。

2. 隐性课程体系的设计

隐性课程强调设置与课程有关的课外作业活动，如可以设计社团活动、设计职业技能竞赛、设计校企合作活动。中高本贯通培养过程中，隐性课程的设计要注重不同阶段之间的衔接。

跨境电商职业技能等级证书的课程按照专业等级进行教学内容衔接，如"1+X"跨境电子商务多平台运营职业技能等级证书（初级）—"1+X"跨境电子商务多平台运营职业技能等级证书（中级）—"1+X"跨境电子商务多平台运营职业技能等级证书（高级），"1+X"跨境电商 B2B 数据运营职业技能等级证书（初级）—"1+X"跨境电商 B2B 数据运营职业技能等级证书（中级）—"1+X"跨境电商 B2B 数据运营职业技能等级证书（高级），以此实现职业能力的阶梯式提升。跨境电商专业社团活动的课程在分层设计时需要依托职业标准作为基本的划分依据。社团活动在引入教学内容的过程中，要考虑到跨境电子商务师提出的能力要求，并且根据成为跨境电子商务师的能力要求进行社团活动设计。社团指导教师需要按照职业标准的要求开展社团教学活动。中职、高职以及本科职业院校开展的社团教学活动应该有不同的职业标准。对于中级阶段的学生来讲，专业要求其形成的核心职业能力是销售能力以及操作能力，所以，在开展社团教学活动时，教师应该要求学生在跨境电商第三方平台当中开设店铺，并且开展产品销售活动。高中阶段对学生提出的跨境电商职业能力要求，是要具备协调能力以及组织策划能力，这一阶段学生可以尝试考助理跨境电子商务师；这一阶段，教师在开展社团教学活动的时候，应该要求学生针对跨境电商活动制定营销策划方案，并且实际组织跨境电商竞赛。在职业本科阶段，学生应该参加跨境电子商务师中级考试。这一阶段，对学生提出的职业能力要求是具备统筹规划创新运营能力，所以，教师开展的社团教学活动也应该要求学生实际组织跨境电商运营活动，教师应该对学生进行跨境电商运营方面的培训教学。

职业院校在开展实践课程时主要依托的形式是职业技能竞赛。职业技能竞赛可以培养学生形成职业素养，养成职业技能。因为中高本

◎中高本专业一体化衔接研究

不同阶段对学生提出的专业能力要求不同，所以，在不同阶段开展职业技能竞赛使用的教学内容也有差异。在中职阶段，职业技能竞赛强调培养技术技能，强调引导学生参与跨境电商技能竞赛训练；在高职阶段，职业技能竞赛强调培养学生形成策略技能，教师应该为学生提供更多的参与技能竞赛的机会；在职业本科阶段，职业技能竞赛强调要培养学生形成创新应用技能，这一阶段，教师应该引导学生参与大学生挑战杯比赛、创业创新竞赛、模拟经营竞赛或者其他的创意挑战比赛。综合来看，中高本贯通培养的技能竞赛教学体系设计，要根据不同阶段的技能要求、专业能力要求来设计，与此同时，要注意不同阶段能力和技能培养做到有效衔接。

教学活动开展过程中，要考虑到跨境电商行业自身发展速度较快的现状，教师应该尽可能为学生提供行业发展的最新技能信息、最新知识信息。校企合作的开展也要注重不同阶段的培养目标要求，要注重不同阶段人才培养的有效衔接。在中职阶段，校企合作应该致力于培养学生形成对跨境电商操作岗位的基本认知，让学生对跨境电商职业有基础的了解，熟悉各项操作流程；高职阶段，校企合作应该致力于对学生的跨境电商就业进行有效指导，引导学生参与各种各样的技能训练实践活动；职业本科阶段，校企合作应该致力于让学生参加各种各样的创新创业活动，让学生在实践活动当中真正地运用知识。跨境电商专业的中高本贯通隐性课程设计，在一定程度上补足了传统教学的不足，为学生提供了更丰富的教学活动，让学生有了实际参与跨境电商技能训练的机会，帮助学生拓宽了视野。可以说，隐性课程在人才培养方面发挥了重要作用。

三、跨境电商中高本一体化课程体系实施的建议

（一）构建一体化课程教学评价机制

构建一体化课程体系需要配备一体化的课程教学评价机制。构建课程评价机制时，要对学生的技术技能培养状况和职业素养培养状况进行综合评价。具体来讲，首先，要注重过程性评价，要按照课程标准要求以及教学规范要求对教学效果展开评价；其次，结果评价使用的方式需要改进，结果评价更应该注重绩效。要让成绩直接关系到学生的升学、毕业以及奖学金评级，只有突出课程的重要地位，才能让三个层次的课程实现更好的衔接。再次，评价体系的建设应该着重关注增值性评价。增值性评价关注的是学生在能力、经济以及社会性等方面的增长与提高。最后，评价机制需要完善健全。评价当中各类评价所占的比重应该科学分配，评价机制越完善越健全，所做出的评价结果就越能够真实地反映教学质量。综合来看，一体化课程教学评价机制的构建有效地监督了中高本贯通课程教学工作的开展，保证了中高本贯通课程在各阶段的教学质量。

（二）推进一体化课程教学改革

跨境电商专业中高本贯通一体化课程体系在实践当中的真正实施，需要依赖课程教学改革。课程教学改革的目的是让课程学习更好地满足学生的学习需求。课程教学改革需要根据学生需求变化，确定清晰的课程目标定位。通过课程教学改革，教学内容、教学难度、理论教学和实践教学的协同程度、隐性课程和显性课程的配合程度等内容的设定都将更符合学生的需要。课程改革还可以通过"一加一减"方式增加学生的课外活动课时，减少学生的课堂学习课时。这样的加减调

整可以更好地满足学生对课外学习提出的要求,可以让学生体验到各种各样的课外专业活动。综合来看,教学时效有一定的提升,各阶段学生的能力培养目标更容易实现。

跨境电商专业中高本贯通课程体系的一体化设计,对中高本贯通培养至关重要,课程的一体化设计保证了学生知识学习、能力提升、技能等级提升等方面的循序渐进,为学生提供了更顺畅更科学的成长渠道。综合来看,课程体系的一体化设计满足了不同阶段学生的成长需要,科学地界定了不同阶段学生的培养目标、培养规格,真正做到了中职阶段、高职阶段和职业本科阶段学生课程学习的有效衔接,所以,可以说课程体系一体化设计为学生的成长、升学、就业以及未来发展提供了有效支撑。[1]

第四节 工艺美术类专业中高本一体化课程改革

2010年,浙江省教育主管部门根据教育部颁布的《国家中长期教育改革和发展规划纲要》,制定了全省教育系统试点改革计划,并将该计划纳入了一体化职业教育试点项目。根据新一轮的浙江省技术专业课程改革方案和国家相关方针,浙江省职业教育负责部门主张将一体化课程内容纳入新课程大纲中。这次实验教学与此前的"3+2"教学方式不同,其在人才培养、课程设置、课程衔接等方面进行了创

---

[1] 唐宁,赖玲玲,戴力芳."中高本"贯通培养课程体系构建——基于跨境电商专业实践经验[J].教育评论,2022(9):42-46.

新。本节内容主要对目前的实验课程——"2+2+2"的教学模式进行了探讨。①

一、课程设置简介

温州职业技术学校开办了集广告设计、工艺美术、动画设计等专业为一体的"艺术学院"。创办该学院旨在培养温州艺术、温州刺绣、雕刻、石刻、壁画等专业技术人员。设计专业包括工艺设计、工业设计、艺术设计和广告设计。按照中等职业学校在学业方面的规定，学生必须通过一次性的全面测试，才能获得毕业文凭。所以，学生需要花更多的时间完成文化课程的学习。在课程设置方面，主要包括专业核心课程、公共基础课程、素质拓展课程、专业方向课程、综合性实习课程。专业核心课占全部课程的17.65%，公共基础课占全部课程的38.41%，素质拓展课占全部课程的9.34%，专业方向课占全部课程的25.95%，综合性实习课占全部课程的8.65%。

目前，开设工业设计、艺术设计等专业的高等专科学校与应用型高等专科学校均有一定的联系。针对浙江省职业教育发展方案，浙江职业技术学院和浙江技术学院已经初步形成了相应的专业系统。

二、课程改革内容

（一）专业设置情况

工业设计、艺术设计等具有针对性、专业化、社会需求量大、毕业生选择多样等特征。在课程改革内容方面，中等职业学校设有工艺

---

① 李小敏.高职教育教学现状初探［J］.科教文汇（下旬刊），2009（2）：36.

设计、广告设计、艺术设计、漫画设计等专业。

（二）一体化课程改革内容

1. 培养目标

中职、高职、应用本科教学目的、人才培养、教学手段等都不相同，针对工业设计、艺术设计专业，各个阶段培养目标见表5-1。

表5-1　中职、高职、应用本科各阶段培养目标

教学阶段	培养目标	就业方向
中职	培养具备工艺美术造型和设计能力及基础的初级工艺美术人才。能在工艺美术、广告宣传、动漫设计类企业工作	在工艺美术企业、广告公司、动漫设计公司从事初级造型设计
高职	培养具备工业造型和设计能力，具备中级设计技术人员基础和能力，能在工艺美术、广告宣传、动漫设计类企业工作	在工艺美术企业、广告公司、动漫设计公司从事造型设计。能独立或者半独立策划、承担设计方案
应用本科	培养具备工业造型和设计能力，具备中高级设计技术人员基础和能力，能在工艺美术、广告宣传、动漫设计类企业工作	在工艺美术企业、广告公司、动漫设计公司从事造型设计。能独立策划、承担设计方案，并能从事营销、企划、管理等岗位工作

中职教育的人才培养目标：面向工艺美术、广告设计、漫画设计等相关领域，培养具备工艺美术、广告设计、漫画设计等相关专业技能的技术人员，在工艺美术、广告设计、漫画设计等设计类、销售类岗位上从事基础工作，并具备公民基本素养和职业生涯发展基础的中等应用型技能。

高职教育的人才培养目标：面向工艺美术、广告设计、漫画设计等相关领域，培养工艺美术设计、工业设计、广告设计、漫画设计等专业的初级设计人才，独立完成设计方案的策划工作，提高设计技术水平，并能胜任设计工作。

应用本科教育的人才培养目标：面向工业设计、广告设计、工艺美术、动画设计等相关领域，培养具有造型设计、模具造型、广告策划、动画设计等方面的专业技能，同时具备管理和市场策划等方面技能的人才。

2. 课程设置

中高本一体化院校在课程设置和人才培养目标等方面各有不同之处。首先，以中等专科院校为例，学生在中等专科院校学习三年，其中，在校学习时间为两年，第三年进入公司实习。根据中高本一体化院校的办学特点，将中专课程改为两年，课程安排与高等专科院校大致一致，两年后，全体学生必须通过考试，取得结业证书，并实施末位"淘汰"制度，成绩不高、学习目标不明确的学生不能成为职业院校的合格毕业生。

在全部需要参加考试的学生中，38.41%的学生需要完成普通的大众课程，17.65%的学生需要完成专业课程。在本学期末，根据学生的专业发展趋向，25.95%的学生选择了与本专业同方向的课程，8.65%的学生选择了综合实践类课程，9.34%的学生选择了素质拓展类课程。毕业生在完成职业技能考试后，可以获得初级和中级技术职称。

职业技术专业：本专业课程分为公共课程、职业技术课程和生产技能课程。

在现有的中专院校课程基础上，增设了思想政治类、英语类、体育类、法治类和职业法律类专业。技术类的基础课程在普通高中基础上进行拓展，去掉了与现实脱节的课程，而在实践基础上开设了设计基础与人机工程学，根据专业发展的需求，增设了工艺史论等基础理论课程，而在技术类课程的基础上开设了模型基础、广告设计、动画设计、产品专题设计等课程。

高职高专升级为本科院校，在课程设置方面主要以必修课为主。常见的必修课程有思想政治类课程、英语和计算机类课程。完成全部课程内容的学习以后，学生需要参加计算机和英语能力考试。

学生在高职院校的学习时间为三年，其中，参与生产实践的时间为半年至一年。学生从高职院校毕业后，通过国家职业技术考试，可以获得初级技工或高级技工等证书，并具备从事职业技术训练的技能。

应用型本科生需要完成为期两年的公共课学习任务，并参与职业技术训练，在实习结束后需要完成毕业设计，才能获得学校颁发的毕业证书。

在原有专业课程体系的基础上，增加思想政治类、英语类和计算机类专业课程内容，并在一年之内安排计算机及英语能力测试，只有通过测试的考生，才具备持有计算机和英语等级证书的资格。

高职专业是在原专业课程改革基础上进一步深化形成的专业体系，该专业体系具体包括产品专题设计、市场策划、CAD造型设计、专业英语、产品包装设计、企业管理等专业技能，以提升学生在产品造型设计、产品营销、企业管理等方面的专业技能，为学生的就业工作做好充足的准备。

本科生的实际在校学习时间为三年，而研究生阶段的实际在校学习时间则为一年。在大学期间，参加职业技术资格考试并顺利通过的考生，可以获得装饰设计高级职称。

3. 实践教学

在中高本一体化的新一轮课程改革过程中，不同层次的职业教育模式推出的实践教学方案，主要是为了实现多样化的教学目标。

中职教育：以课堂综合实践为主，辅以项目式、启发式和互动式教学。在教学过程中，强调学生综合技能的运用，强调理论与实际的有机结合。

高职教育：以专业知识实训为主，辅以综合实践。为了满足实际工作需求，在为期两个月的实习期内，借助亲身实践加深对专业、企业、行业的认识，以及加深对今后工作的认识。[①]

应用本科教育：以毕业设计、课程综合实训为主，四年内完成毕业设计和综合实训，并在各个实习机构从事相应的工作，毕业前完成毕业设计和毕业论文答辩。

以下是中高本一体化技术类专业的课程设置内容，具体情况详见表5-2。

表5-2 中高本一体化课程设置内容

学习阶段	公共课程 主要内容	课时	专业课程 主要内容	课时	实践教学 主要内容	课时
中职	德育、语文、数学、英语、体育与健康、心理健康、音乐、计算机基础	约1300	素描、色彩、三大构成、职业认证、图形语言等	约900	课内实践为主。获得装饰美工初级证书	与理论教学比例为1∶1

---

① 张基宏，刘远东，唐高华. 高职工学结合实践教学模式创新[J]. 职业技术教育，2009（23）：37-39.

续表

学习阶段	公共课程 主要内容	课时	专业课程 主要内容	课时	实践教学 主要内容	课时
高职	思政类、英语、体育、法制和职业道德等	约400	工艺美术史、设计概论、创意思维与设计、人机工程、装饰画制作、计算机平面设计等	约1200	以生产认知实践为主，课内综合实践为辅。获得装饰美工中级证书	生产认知实践约两个月
应用本科	思政类、英语和计算机类课程	约200	现代艺术赏析、营销实务、电子商务、专业英语、企业管理、艺术设计与创意、项目设计、专题设计等	约1200	以毕业设计和毕业综合实践为主，课内综合实践为辅，获得装饰美工高级证书	毕业设计和毕业综合实践一个学期

三、"一体化"课程改革的初步成果

在高职院校一体化课程改革实践中，学校应该从专业学习目的、学习方式、课时安排、课程安排等方面打破常规，以培养具有较高技术水平的技术人才为目标，强化并增强学生的实践能力。经过本轮一体化课程改革，高职院校初步得到了如下成果。

（一）专业定位明确

借助一体化教学和培养方案，学生在专业知识、理论教学和实习操作等方面的能力提升明显超过独立的中职、高职、本科教学,专业人才培养目标更加明确,专业针对性强,学生在学习过程中,学习目的明确,工作方向清晰,有利于完善学校的人才培养方案,为工艺美术、广告设计、动作与漫画设计等专业人员的培养,以及学生今后的学习深造奠定了坚实的基础。

(二)专业学习连贯

专业之间的联系更为密切,不存在专业学习内容过于集中的情况,同时也不会基于学习公共必修课的原因,占用大量的专业学习资源,从而有效地增加了专业技能的延展性,这是中高本一体化教学模式相比单一的中职、高职、本科教学所拥有的最大优势。[1]

1. 公共课程

中职教育注重公共语言课程教学,重视学生通过测试的整体情况;高职院校以思想政治课程为主,而通识课程则侧重英语、计算机、法律等课程,旨在从整体上提升学生的综合素质,以适应高职院校的办学需要;本科教育的公共课程主要围绕思想政治、英语、计算机等展开,旨在进一步提升高职院校学生的专业技能。

2. 专业技术课程

中等职业学校重视培养学生的基本技能,主要以基本的设计课程为核心,同时开设职业技术课程,以培养学生的职业技能;技术专科学校在现有的专业课堂教学模式中,增加了课堂教学内容的参与性,使学生既要"知其然"又要"知其所以然",强化操作实践的现实意义,

---

[1] 杨蔚.关于中职教育与高职教育衔接问题的思考[J].益阳职业技术学院学报,2010(3):53-54.

提升学生的实际操作能力，使学生能够更好地满足社会的人才需求；高等职业技术学院的应用型本科教育不仅要加大学生理论知识和实践能力的培养力度，而且要不断拓宽毕业生的就业领域。例如，营销管理的课程能使学生在从事营销策划、企业管理等领域的工作时，具备显著的竞争优势，并为以后的技能提升打下坚实的基础。

3. 实践教学

实践是中高本一体化教学变革的重点，根据不同教育模式在学制和学时安排方面的不同，中等职业学校以教师实践为主，高职院校以生产技能为主，而应用类本科则以毕业生的实践能力提升为主，旨在提升毕业生的综合实践技能。无论采取何种教育模式，分阶段进行的实践教学过程，不仅可以使理论知识变得更加深入，而且能够逐渐地提升学生的专业技能。

4. 专业技能

中职、高职、本科教育是相互独立的教育系统，根据教学需要和人才培养目的制订教学计划，导致各个学科教师的教学水平也各不相同，再加上学生本身不具备任何职业道德，学生的技能教育基本上属于"从零开始"，由此造成了资源的严重浪费。

中高本一体化教学方案实施后，教学内容在各个时期的衔接变得更加顺畅，学生的专业技能实现了显著提升。中职学生的专业技能熟练度已经有所提高，进入高职院校后，学生的学习成绩也将有所改善。高职一体化的教学模式，为高等职业教育提供了新的发展方向，这种教学模式培养的人才，属于能够满足社会需求的高素质职业技术人才。以中等职业院校的学生为对象，以提升这类学生的专业技术水平为主要目的；到了高等职业学院，这类学生已经具备了基本的专业技能，并且通过相关培训的学生，可以升入应用型本科院校继续深造，获得中级技术职称和岗位升迁机会，然后从应届本科毕业生进一步跃升到更高级的职位。[①]

（三）就业范围拓展

中职教育、高职教育和本科教育的就业涵盖范围不尽相同，但又有一定程度的交叉。新一轮的中高本一体化课程改革，使职业教育的各个阶段不存在重合问题，职业发展的阶段性较为明确，工作范围相对单一，可以防止技能重复，也能在一定程度上改变原来的工作模式。

例如，经过中高本一体化教学培养后，毕业生的就业领域由学徒、初级和中级设计师扩展到高级设计师、企业管理、市场策划等，相关领域的就业人数大幅增加。

（四）就业质量提升

中高本一体化教育模式不仅拓宽了学生的就业范围，而且使学生的工作能力得到进一步提升。通过六年的中高本一体化专业学习，学生对专业、岗位、职业的认识要远远高于普通中职生、高职生和大学生。在专业背景的衬托下，学生在实习阶段即可找到称心如意的工作。而一体化的教学方式要求高等职业技术学院必须推行科学的教学手段，这样有利于教学理念的创新、教学内容的更新，以及教学方法的优化。与此同时，职业教育的持续性使学生能够更好地适应新的工作环境，进而帮助学生实现更好的职业升迁，从而推动社会整体就业质量的优化与提升。

本节以高职专业为例，阐述了高职中高本一体化教学模式的优势，从教学模式、教学时间、实践教学等方面进行了探索和创新，促进了

[①] 夏琰，李京泽. 中高职教育有效衔接的研究与实践 [J]. 科技创新导报，2011（22）：159.

高职教育的全面发展，拓宽了学生的就业领域，促进了高职教育一体化教学模式的发展。①

第五节 "岗课赛证"背景下大数据与会计专业中高本衔接路径

现阶段，对于国家中高本一体化教育建设而言，基于"岗课赛证"背景而逐渐发展起来的综合育人模式发挥着重要的思想指导作用。作为现代职业教育体系发展的重点，中高本教育的有效衔接在中高职学生终身教育目标实现方面发挥着不可忽视的激励作用。自 2012 年以来，我国就始终坚定提高质量的根本方向，并基于学制贯通、借助课程衔接手段，来对中高本纵向一体化教育模式进行探索。职业教育是国民教育体系的重要形式，同时也是实现综合性、素养型、技能型人才打造和传统与现代职业技术传承的重要手段。因此，在充分考量与兼顾我国实践探索成果的前提下，制定和落实与"岗课赛证"模式相适应的人才培养方案至关重要，同时也是满足经济发展对技能型人才需求的重要途径。大数据时代的到来和快速发展，为会计专业中高本一体化建设的推进注入了强大的生机与活力。

---

① 陈瑶. 中、高、本"一体化"课程改革研究：以工艺美术类专业为例 [J]. 浙江工贸职业技术学院学报，2012（1）：25-29.

第五章　中高本专业一体化衔接举隅

一、"岗课赛证"背景下大数据与会计专业中高本衔接的瓶颈

（一）课程结构设计上相互重复，教学内容和要求存在上下易位现象

从课程结构来看，中高本三个阶段的会计专业具有一定的重叠性，重叠性不仅表现在课程中的专业内容和课程标准上，更表现在教师教学内容的交叉性上。例如在中高本三个阶段，《基础会计学》《管理学原理》《经济法概论》等专业基础课程具有基本一致的教学内容、课程标准和学时安排，却并没有对现代化职业教育的递进发展规律进行直接体现。

另外，我国职业教育改革的摸索与尝试尚在起步阶段，而中高本不同学习阶段的学生在知识能力、综合素养等层面存在明显的差异性，如中职学生具备较强的思维活跃性、实践动手能力、较高的实践教学接受度和较为薄弱的理论教学吸收能力。所以，以实践为主、理论为辅的教学模式对于中职学生具有极高的适应性。与之不同的高职学生，拥有中职教育所赋予的扎实理论知识和实践技能，会计专业知识的储备得到了极大丰富，因此，对高职学生展开教学活动更应当采用以理论为主、实践为辅的教学模式。最后，理论为主的学习方式能够进一步升华中职和高职阶段的学习成果，所以，本科学生的教学就应当兼顾理论知识教学和实践能力锻炼。研究表明，理论和实践教学在中职学校均未得到充分的重视，实践为主、理论次之的教育模式在多数中职教育中仍然占据着统治地位，而本科教育中重视理论、忽视实践的现象同样十分普遍。本质上来讲，这三个阶段的教学现状严重背离学生的认知发展规律，上下易位现象十分严峻。

（二）赛项和技能证书项目繁多，衔接不明确，缺乏可操作性

2021年3月，由教育部印发的《职业教育专业目录》进一步优化了专业目录，大数据时代、现代信息技术、云网络、AI人工智能、区块链等以更高的标准来要求会计人才培养，业财管税有机融合以及会计与计算机、管理之间的融合是未来发展的主要形势。本质上来讲，全新专业目录的更新与建设需要拓宽和改革发展思路和人才培养方式。现阶段，我国已经有20余种会计专业的X证书，内容涵盖信息化、财务共享、一体化、财税智能化等，从长远的角度来讲，"1+X"证书制度的制定和落实是对书证融通方式的积极探索，是提高人才培养整体质量的重要举措，更是适应时代发展趋势的重要尝试。会计专业是将专业人才输送至企业财务部门的重要平台，但是，过多的证书项目却并不利于高素质技术技能人才实践能力的提高。

（三）产教融合、校企合作缺乏统筹，各自为政

实现教育与生产、学校与企业的有机融合是职业教育改革的主要趋势，教学方式、教学行为等直接决定了学生的实际学习情况，为此，教师就需要在教学过程中提高对实践教学的重视程度，为学生们的学习创设更适宜的教学情境，并对整个学习过程中教师与学生的各自"角色"进行明确界定，并在有机结合理论教学和实践教学的基础之上培养理论性、实践性有机统一的新时代人才。调研了30余所高职院校的实际情况后，不难发现，学校仅仅会在招生宣传方面与相关本科院校进行信息共享和实时交流，中高本院校之间并没有达成实质性的合作关系、开展协作育人的活动，更缺乏以高效衔接中高本为目的的合作发展战略。尽管我国大多数职业类院校和本科院校的校企合作单位众多，但有效的协同效应并没有在学校与企业的合作过程中发生。

二、大数据与会计专业中高本衔接的技术路径

（一）大数据与会计专业中高本衔接的基本原则

1. 一体化原则

一体化原则是指中高本教育模式一体化的建设和实现，这也是实现中高本高效衔接的必然阶段。因此，在遵循一体化原则的基础之上，大数据与会计专业中高本教育要想实现有效衔接，首先要对三个不同阶段的相同点和差异性建立初步认知，以最终的工作岗位群为出发点，对各个阶段培养目标加以明确、健全更加全面的中高本衔接课程体系，以整体全局观来设计课程教学内容，总之，中高本教育模式一体化建设要体现对学生主体性的尊重，又需要以分段实施和循序渐进的理念来保障。

2. 层次性原则

中高本学段中会计专业的衔接往往是由低级跨越到中级的螺旋式递进过程，而若想使人才培养方案在促进学生由基础知识水平向综合能力水平过渡方面的作用得到体现，就需要关注不同阶段学生在不同时期的身心发育规律。对于中职院校而言，教育目标在于使中职学生逐渐积累更为丰富的基础教育知识、锻炼更具现实价值的专业实操技能，而高职教育所关注的内容则在于使学生能够具备适应多元职业的能力、升华学生的文化内涵与文化修养。本科教育则与之完全不同，它强调的是全方位培养学生的职业修养。整体来说，中高本三个学段的教学内容、人才培养目标等一脉相承、相辅相成，而人才培养目标的实现就意味着职业教育在复合型人才培养目标实现方面不可或缺的重要功能。

3. 协同效应原则

协同效应是指与各个过程单独开展获得的效果相比，多种过程产生的效果更为显著，同时在共享资源的过程中，各个活动或过程也会获得同等的效益。为此，中职、高职和本科应当进一步强化其在中高本一体化过程中的相互联系，并借助校企合作、产教融合的方式来建立共享化的教学新模式，并以顶层逻辑为指导来高效衔接所建立的课程体系，最终实现"1+1＞3"的效果，以及通过对各教育阶段协同效应的放大来实现知识技术技能型人才的培养。

（二）大数据与会计专业中高本衔接的路径分析

当前，中高本衔接导向作用下教育模式的实现，需要学校对会计专业现有人力、物力资源加以利用，以突破现有的专业瓶颈，构建中高本会计专业的衔接模式和路径。一方面，要对中高本衔接模式的逻辑起点加以明确，而后要基于"岗课赛证"的背景来建设课程体系、健全学分银行体制；另一方面，要对整体进行全面优化。

1. 确定逻辑起点，分解职业能力，重构课程体系

在中高本各个阶段中一以贯之的课程体系重构，应当立足"岗课赛证"环境下会计专业的发展特征，并以职业能力、职业岗位作为一体化设计的逻辑出发点。首先，在细分会计专业面向的职业岗位群时，要以对专业技术需求的不同层次和差异化的职业领域为依据，而后分析归纳各类岗位群的工作任务与流程，从而制定更为全面和统一化的"岗课赛证"专业课程体系。在统一化课程体系的指导下，学校也需要秉持因地制宜的方法论依据，充分开发区域特色与优势，从而确保所构建课程体系能够真正有益于学校的发展和社会的进步。

2. 将"1+X"证书内容与学生基本课程相融合,重视课程延续,实现衔接创新

大数据与会计专业中高本教育模式在书证融通背景下一体化的实现,首先要建立纷繁复杂的证书内容与岗位群工作任务之间的对接关系,并对海量的"1+X"证书内容类型进行细分,以保障证书内容与课程内容的融合度。另外,通过整合教学思想、教学目标、教学内容与教学实践来实现不同层次课程内容的确定,提高课程延续的重视程度,以创新课程内容的有效衔接。

以人才培养目标为依据来明确课程内容,结合"X"证书内容来整理课程内容,使最终形成的课程内容囊括进学历教育的课程结构,并完成相应课程标准和衔接教材的制定。在衔接教材的选择方面,要以各学段教材内容所涉及的范围和实际要求为参照,确保教材内容指向的明确性、对不同学段学生能力差异化的尊重。以会计职业技能等级证书为例,会计专业入门水平是中职教育专业学习的目标定位,初级证书水平是高职教育专业学习的目标定位,而本科教育专业学习的目标则需要学生达到中级证书水平,而后就需要定制与不同教育阶段教学目标相吻合的课程标准和教材,从而在使学生基本情况与课程适配度提升的同时,有效衔接中高本专业课程。

3. 将技能竞赛融入课程内容,促进一体化改革

以教育层次为标准,处于会计专业相关技能大赛中的同一赛项通常可以被细分为不同等级,随着教育阶段由中职向高职,再向本科的提升,技能大赛的难度也会越来越大。例如,会计技能比赛目标的达成需要建立在会计、税务、银行、仿真财务和供应商等职场氛围有效营造的基础之上,而技能比赛是彰显会计专业学生职业素养、职业态度和职业技能的重要平台,其赛项也以中职组、高职组和本科组为组别而具有明显的差异化;因此,就可以依据不同的能力要求来设计与

开展此类技能赛项目，同时提高课程与不同学段日常教学活动的融合度，从而建成全面多元的课程体系，并在中高职业教育过程中贯彻落实。另外，在强化教师职业培训方面，也要始终以社会发展对职业技能人才的实际需要为根本方向，积极引导职业教师转变教学思想、创新教学方式、优化教学内容、加强实训教学以及健全教学评价制度，以此来保障中高本教育完整链条的建成和教学效能的提升。

4. 建设中高本衔接的会计实训平台

考虑到岗位的特殊性，会计岗位的实训工作很难与实际的工作环境有机融合，所以，中高本衔接实训工作的进展面临着极大的挑战。而若想显著提高会计专业的整体发展效能，就需要中高本学校为学生们的学习与实训提供必要的校外模拟实训基地、校内实训室保障，以切实保障学校的教学基础。同时，政府在会计专业整体发展方面同样发挥着重要作用，为此，政府就需要引导企业改变以高学历来评估与录取人才的思想偏见，并结合企业发展的实际需要来提供实习平台，保障中高本学生的岗位实训质量和企业发展动力的长效维持。此外，要进一步加强中高本教学资源的共享和协同办学，与单一化的继续教育衔接不同，中高本合作育人更看重加强在日常人才培养活动中的互动交流，对学生的实际学情进行全面把握，落实因材施教理念，确保所制定人才培养方案的科学性。

5. 落实学分银行制度运行

在《国家职业教育改革实施方案》中，中央深改委强调要开展"1+X"证书制度试点工作，通过认定、积累和转换学习成果来建立不同类型学习成果之间互认、衔接的关系。会计专业中高本衔接的实现，需要严格遵守和落实学分银行的相关政策规定，除了要充分利用国家现有的学分银行机制，更需要有效记录和积累不同学段学生以往的学习成绩和成果，并依据相关的学分制度来换算学习成绩，以更好地开展下一阶段的学习，下表5-3、5-4所示即为中高本学分银行转换标准。

表5-3 大数据与会计专业中高对接学分银行转换标准

中职学习成果	颁证单位	对应高职学分	高职免修
初级会计职称资格证书	省财政厅	5	免修基础会计理论部分
初级审计职称资格证书	国家人事部	5	免修审计基础理论部分
获得专业技能大赛省级一等奖	省级相关部门	5	免修高职阶段与技能竞赛相关科目的专业基础课
专业课成绩平均分90分以上（包含90分）		4	通过入学能力测试且达到80分（含80分）以上，则可免修相对应的专业基础科目

表5-4 大数据与会计专业高本对接学分银行转换标准

高职学习成果	颁证单位	对应高职学分	本科免修
初级会计职称资格证书	省财政厅	5	免修基础会计理论部分
初级审计职称资格证书	国家人事部	5	免修审计基础理论部分
获得专业技能大赛省级一等奖	省级相关部门	5	免修本科阶段与技能竞赛相关科目的专业基础课
英语三级	国家教育部考试中心	4	大学英语1
全国计算机等级二级证书	国家教育部考试中心	4	计算机基础1

续表

高职学习成果	颁证单位	对应高职学分	本科免修
专业课成绩平均分90分以上（包含90分）		4	通过入学能力测试且达到80分（含80分）以上，则可免修相对应的专业基础科目

在明确和转化内容相同或相近的国家级职业资格证书和培训证书、比赛成绩等成果时，需要以国家最高级别认证的学分为参照，切记要避免重复转换现象的发生。

当前，中高本一体化衔接在我国职业教育改革中仍处于不断探索阶段。以"岗课赛证"形式为依托，会计专业的中高本一体化人才培养模式的建设，应当建立在课程衔接的基础之上，同时以地方现阶段的经济发展情况为参照，立足岗位群，对岗位工作任务进行分解，实现工作情境向学习情境的转变，明确人才培养方案的实际定位，对标职业岗位需求。以顶层设计课程结构、课程系统、课程内容、课程标准和课程开发等为出发点，对中高本教育课程体系进行整体建构；依据证书的不同等级，开发中、高、本相应课程，课程的设计要与证书中的典型工作任务直接挂钩，通过结构化团队的建设来对相应的活页式教材进行开发，同时以工学结合的教学方式来指导模块化学习活动。另外，还进一步落实学分银行制度，在此前提之下，实现实践活动与贯通式人才培养路径的有机融合，进而推进中高本的有效衔接。

第六节　机械设计与制造专业的中高本衔接课程体系

顾名思义，有关机械设计和制造专业的职业教育面向的是机械制造行业，此专业的职业教育主要培养的是高素质技能型应用人才。

在职业教育的发展进程中，中高本衔接课程体系的构建是关键点和落脚点。职业教育的发展具有显著的特点，即从低级到高级递进，从单一型向复合型转变。如何使中高本衔接课程体系的构建符合职业教育的发展规律，以及如何培养企业所需的技能型应用人才，下面针对以上问题展开详细的讨论和阐述。

一、课程规划路线

据调查研究表明，大多数职业教育毕业的学生在进入职场时，主要涉及的工作岗位有产品开发、制造和组装等相关岗位，还有企业管理与运营等工作岗位，在这些工作岗位中，每个岗位都有相对应的层次和阶段。

在机械设计与制造专业的中高本衔接课程体系中，本科学生所需要掌握的专业知识和专业技能要高于高职学生，高于中职学生，毕业于职业教育的本科学生不仅要储备大量的专业知识，具备高水平的专业能力，而且要具备解决技术性问题的能力，掌握设计组织、实施维护和监控实际的技术系统能力，擅长组织、管理以及协调各方面的工作。而高职学生需要掌握的专业知识能力要高于中职，能够适应不同工作岗位的要求变化，具备娴熟的岗位技能和解决技术问题的能力。中职教育对学生的要求不高，除了学生基本的专业理论知识之外，其他课程以技能实操训练为主。

通过对岗位需求情况、学生发展水平和行业发展动向等方面进行分析和调研，构建层次不同、能够满足岗位需求的中高本衔接课程体系，根据学生的个性化发展情况，按照层次递进、纵横交错的规律，规划课程路线，如图5-1所示。三个专业核心能力呈递进形势，即产品开发能力、产品制造能力、产品组装能力，这三个专业核心能力需要经过四个阶段的培养，每个阶段都有相对应的课程规划。例如，"产品开发能力"的课程规划路线是先经过一系列培养阶段，机械制图、机械设计、产品制造、装备设计、改进产品、优化工艺等培养阶段，经过培养阶段之后进入岗位适应训练阶段。

专业核心能力	第一阶段 技术基础能力	第二阶段 核心能力培养	第三阶段 综合能力培养	第四阶段 拓展能力培养	
产品开发能力	机械制图与CAD	机械基础（机械设计基础知识）	产品的设计制造装备设计	优化改进产品优化工艺	岗位适应训练
产品制造能力	机械制造基础知识	机械制造工艺编制	数控机床操作与编程	产品质量管理生产管理	
产品组装能力	产品装配和调试知识	机械产品装配和调试	数控机床安装与调试	生产线装配与调试	

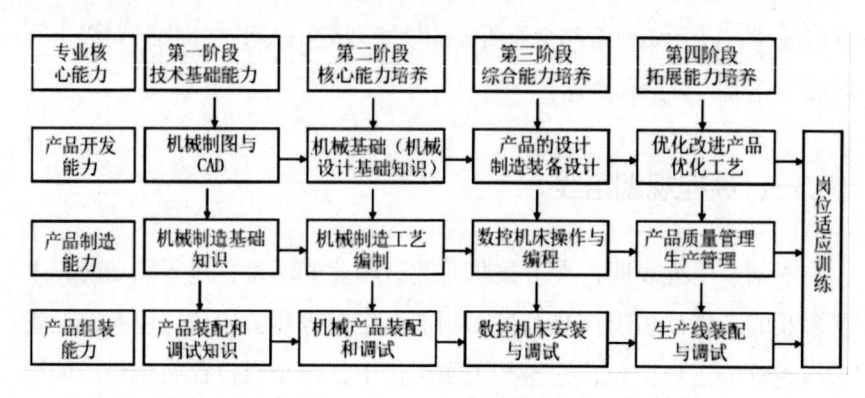

图 5-1 课程规划路线

二、课程体系

中高本衔接课程的模式是逐层递进且纵横交错的，其课程模块包括公共基础课程、专业基础课程、素质拓展课程和职业化课程等多个模块，根据学生的个性化发展，以及职业教育教学的要求，将职业人才培养计划方案划分为不同的阶段，每个阶段的培养目标和侧重点有所不同。出于对有升学希望学生的考虑，中高本衔接课程可以设置为选修课，这样既满足了部分想尽早进入职场的学生对理论知识的需求，也确保了每个阶段的专业课程可以形成相对完整的体系，并保证了学生的发展水平具有连贯性、科学性以及合理性。

（一）课程层次

中高本职业教育课程体现出明显的层次性，其难度从初级到高级，从基础到职业，中职阶段的课程内容难度较低，学生仅需要掌握基本的入门知识和基本的技能即可，岗位定向所涉及的范围广度也相对较窄，而高职和本科的职业教育阶段对学生提出了较高的标准，要求学生掌握扎实的专业理论知识，不断地扩展自身的知识层面，着重提升自身的专业技能和职业能力等，因此，中高本衔接课程的设置具有等级性、层次性和发展性，呈逐层递进的趋势，虽然层次不同但又相互联系。例如《机械基础1》《机械基础2》《机械基础3》（机械设计）课程分别是中职、高职、本科高职的衔接课程，是对同一门课程不同层次的要求，其课程描述比较见表5-5。

表5-5 中高职衔接、专本衔接课程《机械基础》的不同层次课程标准和内容比较

《机械基础1》	《机械基础2》	《机械基础3》（机械设计）
课程性质：专业基础课 学时：64	课程性质：专业基础课 学时：64	课程性质：专业基础课学时：52

续表

《机械基础1》	《机械基础2》	《机械基础3》（机械设计）
知识要点： 1. 金属材料的性能、钢的热处理常识、常用金属材料及牌号表示方法； 2. 孔、轴尺寸公差配合及检测； 3. 零部件装配关系； 4. 常用工具的使用； 5. 常用机构类型的特点及应用； 6. 通用零部件结构特点及应用	知识要点： 1. 平面机构自由度的计算、机构运动确定性判断； 2. 常用机构类型判断、工作原理及选用； 3. 带传动、齿轮传动的基础知识、工作原理及应用； 4. 轴的基础知识、结构及应用； 5. 通用零部件工作原理、结构特点、选型计算	知识要点： 1. 连杆机构的设计； 2. 凸轮机构的设计； 3. 带传动、齿轮传动的承载分析及设计； 4. 轴的结构设计，强度计算； 5. 使用工程软件设计简单的机械装置
内容模块： 1. 工程材料基础知识； 2. 孔、轴尺寸公差基础知识； 3. 常用机构类型及识别； 4. 通用零部件类型识别及应用	内容模块： 1. 平面机构的结构分析； 2. 简单零件的设计； 3. 通用零部件的寿命计算、选型计算	内容模块： 1. 常用机构的分析与设计； 2. 机械传动的分析与设计； 3. 简单的机械装置设计

（二）课程模块

由于中高本职业教育课程的层次不同，其岗位能力的培养目标也有所不同。中高本衔接课程体系可以分成四个模块，即公共基础课程、专业基础课程、职业化课程、素质拓展课程。

1. 公共基础课程模块

公共基础课程模块是整个课程体系的基础，主要是提高学生的职业素质，在中高本衔接课程体系中，中高职阶段是为部分有升学准备的学生提供服务，本科阶段则是为学生的职业发展奠定基础。

2. 专业基础课程模块

在公共基础课与专业课程之间，专业基础课程模块起到了连接的作用，为学生学习职业化课程奠定了基础，也有利于学生将来适应不同岗位的需求和变化。

中职职业教育的课程体系主要包含专业知识和基本技能，学生学习的内容都是入门的知识，再结合基本的技能操作训练课程，通过技能操作训练能够显著提升学生的专业水平。中职职业教育的课程模块设置包括机械制图、制造技术、电工基础等。

高职职业教育的课程体系是在中职职业教育课程体系的基础上进一步拓宽、拓深专业基础理论知识，其课程模块设置包括液压与气动技术、Solidworks软件应用、电工电子技术等。

本科职业教育的课程体系是基于高职职业教育课程体系的深度拓宽而形成的，相比于中高职教育，本科职业侧重于学生各方面能力的提高，注重培养学生的创新能力和设计能力等，其课程模块设置：机械设计、UG软件应用、Pro/E软件应用。

中高本职业教育的衔接课程所涉及的内容以职业能力和专业技能为主，为学生的升学和就业提供精准的服务，其专业基础课程模块的设置主要有实训课程和考证培训。

3. 职业化课程模块

职业化课程模块的设置并不是盲目随意的，而是对行业市场需求和企业岗位缺口进行充分调研后设置的，职业化课程的开设为学生的就业提供了服务以及奠定基础，侧重于培养学生的工作能力和职业素养，因此，职业化课程模块是学生将来快速适应工作岗位的关键所在。

中职职业教育以培养高素质人才为主，作为中职教育的毕业生，除了掌握丰富的经验技能之外，还要具备优秀且全面的职业素养，因此，中职职业化课程模块设置包括考证培训、毕业实践、车工实训、机床维修、零件加工、毕业综合实践 1 等，其职业化课程模块是为了达到岗位技能要求标准以及提高学生的工作能力而设置的。

高职职业教育的培养目标是技能型应用人才，侧重于培养学生的岗位技能，以及发现问题和解决问题的能力，不仅注重技能操作训练，而且注重学生管理和协调工作能力的培养，因此，高职职业化课程模块设置有人机工程学、生产与运作管理、机械制作技术实训、产品测绘实训、毕业综合实践 2 等。

本科职业教育的培养方案结合了中高职职业教育的培养计划，是基于中高职职业化课程模块的深度拓宽和拓展。本科职业教育的培养目标是综合型的应用人才，既要具备较高的职业素养，也要掌握扎实的岗位技能。作为本科职业教育学生，要有发现问题和解决问题的能力，组织、协调和管理工作的能力，以及优秀的设计能力等，本科职业教育还侧重学生"策略技能"的培养，其职业化课程模块设置包括计算机辅助设计与制造、数控机床安装与调试、可编程控制器技术和应用、传感器技术及应用、毕业综合实践 3 等。为满足企业岗位技能的需求、学生能够顺利进入工作岗位而设置，并为学生将来进入发展岗位奠定基础。

中高本职业教育的衔接课程所涉及的内容主要体现在两个方面，一方面是职业核心能力的相关训练和基本知识，另一方面是专业技能的实践操作，为学生的升学和就业提供精准的服务，其职业化课程模块的设置相对简单，主要有实训课程和考证培训。

4. 素质拓展课程模块

素质教育是一种提升学生各方面素养，使学生发展成为全面型人才的拓展型教育，也是一种为学生将来尽快适应工作环境、实现自身优秀发展的基础型教育，无论学生们将来从事任何职业都需要在校期间进行素质教育，在学生的学习阶段，素质教育是不可或缺的关键组成部分，素质拓展课程模块中的公共拓展为学生未来更好地发展、学习、生活和工作奠定了扎实的基础，常见的素质教育专业有文学艺术、社交礼仪、音乐欣赏等。

在素质拓展课程模块中，除了公共拓展之外，还包含专业拓展，专业拓展的作用体现在学生的知识面得到拓展，学生能够快速适应飞跃发展的科学技术，如工厂供电、刀具设计等。

中高本衔接的课程体系呈现出一定的规律性，即从基础到职业、从初级到高级，其课程内容的难度也是从浅入深，中高本衔接课程模块的设计既满足了教育教学方面的专业化要求，同时也满足了学生升学考试的个性化要求。如表5-6所示。

表5-6 中高职衔接、专本衔接的机械设计与制造专业课程体系框架

课程模块	层次	开设课程	备注
公共基础课程模块	中职	语文、数学、英语、德育、计算机基础1、体育、职业生涯规划1、就业指导1、心理健康1	
	衔接课程	文化理论课程1、文化理论课程2	升学准备
	高职	高等数学1、公共英语1、体育、计算机基础2、思想道德修养、职业生涯规划2、就业指导2、心理健康2	
	衔接课程	文化理论课程3、文化理论课程4	升学准备
	本科	高等数学2、公共英语2、体育、思想道德修养	

续表

课程模块	层次	开设课程	备注
专业基础模块	中职	机械制图1、机械基础1、机械制造技术1、电工电子技术1（电工基础）	
	衔接课程	机械基础强化1、机械制造技术强化1	升学准备
	高职	机械制图2、机械基础2、互换性与技术测量、机械制造技术2、液压与气动技术、电工电子技术2、Solidworks应用软件	
	衔接课程	机械基础强化2、机械制造技术2	升学准备
	本科	机械基础3（机械设计）、机械制造技术3、UG软件应用、Pro/E软件应用	
职业化课程模块	中职	普通机床维护与维修、机械零件常规加工、车工实训、钳工实训、铣工实训、电工实训、考证培训、毕业综合实践	机械加工技术
	衔接课程	实训课程2、考证培训2	升学准备
	高职	机械制造装备设计1、工艺装备设计、机械加工工艺编制、人机工程学、现代制造技术、机床数控技术及应用、数控机床操作与编程、生产与运作管理1、机械制造技术实训、计算机辅助设计中级考证、机械装备拆装实训、产品测绘实训、机械产品设计与制作、毕业综合实践	机械设计与制造
	衔接课程	实训课程3、考证培训3	升学准备
	本科	机械制造装备设计2、数控加工工艺、计算机辅助设计、计算机辅助制造、逆向设计、数控机床安装与调试、数控设备故障诊断与修维、数控原理与系统、可编程控制器技术及应用、传感器技术及应用、生产与运作管理2、数控机床机械拆装实训、计算机辅助设计高级考证、机械设计课程设计、毕业综合实践	机械设计与制造
素质拓展课程模块	公共拓展	美术欣赏、音乐欣赏、社交礼仪、演讲艺术、文学等	
	专业拓展	工厂供电、机床电气控制与PLC技术、刀具设计等	

在职业教育人才的培养过程中，中高本衔接课程体系的构建具有积极的作用，其课程体系是基于企业岗位要求和专业发展方向而进行设计的，注重培养技能型应用人才，为学生更好地发展自我、明确目标提供方向，为学生顺利进入工作岗位奠定基础。[①]

第七节　建筑工程技术专业中高本系统衔接人才培养方案

目前，广东省建筑工程技术专业中职、高职、本科衔接存在许多问题，很多课程重复，极大降低了学生学习的兴趣；另一方面，人才培养目标定位不准、界限不清。为此，2015年2月至5月，在广东省教育厅的支持下，《建筑工程技术专业中职、高职和本科一体化专业教学标准研究与实践》课题组，开展建筑工程技术专业中高本衔接教学标准的人才培养方案专项调研工作，收集了广东省目前已开展三二分段中高职衔接试点的5份中高衔接一体化人才培养方案，其他中高本人才培养方案共22份；访谈了13名专业负责人、13名教学系主任（含课题组成员）和46名骨干教师（含课题组成员）。我们通过人才培养方案的调研，了解各层次院校在培养目标、课程设置、教学组织等方面的情况，并进行思考，提出人才培养目标定位、课程科学衔接、教学组织改革等建议，努力促进建筑工程技术专业按层次科学定位、课程设置与人才目标定位相配套的方向改革。

[①] 石岚，周莉，张宁. 机械设计与制造专业的课程体系——基于中高职衔接及专本衔接的探讨［J］. 深圳职业技术学院学报，2016（2）：76-80.

◎中高本专业一体化衔接研究

一、当前建筑工程技术专业中高本人才培养方案系统衔接的主要问题

（一）中高本专业人才培养目标定位"边界"和"接口"模糊，就业岗位重叠

建筑工程技术专业中高本衔接的各阶段专业名称不同，按国家标准，专业名称分别为建筑工程施工专业（中职）、建筑工程技术专业（高职）和土木工程（本科）。

经对 8 所中职学校 8 个人才培养方案进行调研，我们发现，大多数中职学校把人才培养定位为"培养在建设行业中的生产、服务、技术和管理第一线工作的高素质劳动者和中、初级技术工人"或"高素质劳动者和技能型人才""高素质劳动者和中等应用型技术人才"；8 所中职学校把人才就业的目标岗位群进行定位，100% 定位为施工员、质检员、安全员，75% 为造价员、监理员，63% 为资料员和测量工等技术工人。可以看出，中职的建筑施工专业主要就业岗位为：施工员、质检员、安全员，次要就业岗位为造价员、监理员、资料员、测量工等技术工人等。

经对 12 所高职学校的 14 个人才培养方案进行调研，我们发现，大多数高职学校把人才培养定位为"培养适应工程建设领域第一线需要的……（高素质或高级）技术技能人才"。12 所高职学校把人才就业的目标岗位群进行定位，100% 定位为施工员，86% 为造价员，79% 为监理员和资料员。可以看出，高职的建筑工程技术专业主要就业岗位为：施工员、造价员、监理员、资料员，次要就业岗位为安全员、质检员、材料员、测量员、绘图员等。

经对 6 所本科高校的 6 份人才培养方案进行调研，我们发现，大多数本科土木工程专业的人才培养定位为"培养从事设计、规划、施

工、咨询、监理、投资及管理工作"的"实用型高素质人才"或"高素质应用型人才""应用型高级工程技术人员"。6所本科高校把人才就业的目标岗位群进行定位，50%定位为工程师，50%未明确目标岗位。可以看出，人才培养目标工作领域主要是设计、规划、施工、咨询、监理、投资及管理工作。

由此看出，在专业人才培养目标定位过程中，中高职的定位出现"边界"和"接口"模糊、重叠较严重的问题，就业岗位在一定程度上都为第一线施工员、资料员、质检员、监理员、造价员、测量员等，主要工作领域是施工、监理、造价，存在低水平竞争的问题。这对于中高职人才培养不利于突出各自技术优势和特色，也不利于专业从低层次向高层次有效衔接并实现互补。本科院校的人才培养目标层次有明显的提升，但为数不少的学校对本科人才培养目标不明确，容易造成人才培养与实践需求相脱节的问题。

（二）中高本专业课程体系衔接存在课程重复严重，不能体现知识能力的层次递进关系

中高职本科开设的课程模块大致可分为：建筑构造与识图、测量技术、力学与结构、建筑材料与检测、建筑施工技术、建筑施工组织与管理、成本控制、质量安全管理、资料管理、建设监理、招投标与合同管理、地基基础等课程模块。

经对课程体系比较分析，可以看出：理论课程体系中，中职、高职、本科在课程设置中，体现了一定程度的差别，从中职相对简单的课程向本科比较复杂的课程过渡，但课程设置的重复情况严重。经前述人才培养目标定位分析，由于中高本人才培养目标岗位重叠，而课程体系是基于职业岗位的职业能力与素质要求开发的，必然存在课程重复的问题。这也反映了，在以人才培养为同一目标岗位的情况下，除了考虑职业岗位需求，还需要考虑不同层次学生的学习能力和综合素质能力，要求中职生、高职生、本科生毕业时达到施工员这一岗位所有的职业能力需求是不现实的，因此，在目前普遍存在建筑工程技术专业中高本就业岗位重叠的实际情况下，需要就同一岗位的能力进行分级，借鉴原国家职业资格鉴定的做法，将施工员分为初级、中级和高级，课程体系体现不同层级的能力需要。

在实训课程体系对比分析中发现，中职阶段较注重学生基本技能实操，实践教学所占比例约为62%；高职阶段比较注重学生的技术技能，实践教学所占比例约为54%；本科阶段注重学生扎实的理论基础与较强的结构设计能力，实践教学主要是课程设计方面，实践教学所占比例约为28%。这反映了本科课程设置仍保持传统的学科体系特点，实训课程体系存在与应用型技术人才的培养目标脱节的问题。

二、几点思考和建议

（一）坚持厘清中高本培养人才的目标定位

国家层面对于培养目标的确定，中职定位为高素质劳动者和技能型人才，高职定位为高端技术技能型人才，本科定位为发展型、复合型和创新型的技术型人才。对于建筑工程技术专业来说，由于建筑施工现场大量技术技能人才严重紧缺，中职学校虽然把操作技能工种作为教学目标，但是就业和需求调研都显示，除了测量员操作岗位，目前其他操作工种很少来自职业院校毕业生，从中职开始，建筑工程技术专业面向的岗位就是技能、技术与管理的综合体。因此，在现阶段，中高本培养目标主要在于三个方面程度分寸的要求不同：中职技能强，技术要求一般，管理要求较低；高职技能较强，技术要求较高，管理要求较高；本科技能一般，技术要求高，管理要求高。这样，才能使中高本各有所倾向，各突出相应的专业技术技能，实现中高本培养人才有机衔接。

（二）系统化、科学化设置专业课程体系

中高衔接、高本衔接，不但要解决中职学生升入高职、高职学生升入本科院校接受教育的问题，而且也要兼顾中高职学生毕业的就业问题。因此，从中高本学生的就业岗位、知识能力、职业发展差异入手，找到中高职衔接、高本衔接的教学标准和课程标准的接口，按就业岗位、知识能力差异和职业发展来设置课程，将升学和就业问题同时兼顾。课程设置上可分为分级课程（中高本分阶段开设）、衔接课程（中高本各阶段开设，内容分层递进）和实训课程。

中高职和高本衔接课程需要统一制定课程标准和教学方案，明确教学计划，减少课程内容的重复。在完成中高本不同学习阶段分层定位培养目标的基础上，实现课程差异化、互补性设置，统筹规划，分层教学。

建筑工程施工专业的中职毕业生就业岗位主要是施工员、测量员、材料员，因而在中职阶段应加强与学生的知识、能力及岗位需求相适应的单项技能训练，如建筑工种实训、施工测量放线实训。高职毕业生就业岗位主要是施工员、监理员、造价员，因而在高职阶段应加强与岗位相适应的综合技能训练，如施工方案编制实训、施工组织设计实训、工程造价编制实训。本科毕业生就业岗位主要是施工员、结构设计师、监理员，因此，本科阶段主要是训练结构设计能力和解决较难工程问题的专项能力和综合管理能力。中高本各阶段的实训项目设计，应由浅入深、由单项到多项、由局部到整体、由简单到复杂递进；对实训的组织，由简单流程向复杂流程、由单项能力训练向多项能力训练、由专业能力训练向职业综合能力训练递进。

◎ 中高本专业一体化衔接研究

  目前中高职三二分段对接已开展了若干年，有了一定的经验，从已经实施了中高职衔接的学校五年制人才培养方案及其实施情况来看，中高职课程重复的情况有所减少，重复课程在内容上也能较好地体现层次递进，但在高本衔接上，目前本专业在广东省还未开展，缺乏可借鉴的经验。因此，建筑工程技术专业人才中高本系统衔接人才培养方案设计和调整，需要教育行政管理者和中职、高职以及本科院校加强沟通联系，协同研究，采取合理过渡、块块科学分割等措施，才能不断培养出目标定位科学的各个层次的专业人才。

参考文献

[1] 马克思. 资本论. 第一卷 [M]. 北京：人民出版社，1975.

[2] 马克思，恩格斯. 马克思恩格斯选集. 卷三 [M]. 北京：人民出版社，1972.

[3] 马克思. 关于费尔巴哈的提纲 [M]// 马克思，恩格斯. 马克思恩格斯选集. 卷一，北京：人民出版社，1972.

[4] 刘来泉. 世界技术与职业教育纵览 [M]. 北京：高等教育出版社，2002.

[5] 高奇. 职业教育原理 [M]. 北京：光明日报出版社，2019.

[6] 李树陈. 现代职业教育理论研究 [M]. 长春：吉林人民出版社，2020.

[7] 邓泽民. 职业教育教学设计 [M]. 北京：中国铁道出版社，2016.

[8] 徐晔. 中等职业教育功能定位研究 [M]. 北京：北京理工大学出版社，2021.

[9] 张峰. 中国中等职业教育发展实践与探索 [M]. 北京：首都经济贸易大学出版社，2019.

[10] 曹晔，等. 当代中国中等职业教育 [M]. 天津：南开大学出版社，2016.

[11] 李承先. 高等职业教育新论 [M]. 北京：中国书籍出版社，2018.

[12] 李德方，王明伦，等. 高等职业教育发展新论 [M]. 北京：知识产权出版社，2017.

[13] 方展画, 刘辉, 傅雪凌. 知识和技能——中国职业教育60年 [M]. 杭州: 浙江大学出版社, 2009.

[14] 张健. 职业教育的追问与视界 [M]. 芜湖: 安徽师范大学出版社, 2010.

[15] 余立. 教育衔接若干问题研究 [M]. 上海: 同济大学出版社, 2003.

[16] [苏] 阿法纳西耶夫. 系统与社会 [M]. 贾泽林, 等译. 北京: 知识出版社, 1988.

[17] 颜泽贤, 张铁明. 教育系统论 [M]. 郑州: 河南教育出版社, 1991.

[18] 中华人民共和国教育部. 面向21世纪教育振兴行动计划学习参考资料 [M]. 北京: 北京师范大学出版社, 1999.

[19] 国家教育委员会职业技术教育司. 职业技术教育文件选编（1978—1988）[M]. 北京: 生活·读书·新知三联书店, 1989.

[20] 国家教育委员会职业技术教育司. 职业技术教育政策法规（1992—1996）[M]. 北京: 北京师范大学出版社, 1997.

[21] 国家教育行政学院. 职业教育法律法规文件选编（1996—2009）[M]. 北京: 中央文献出版社, 2010.

[22] 教育规划纲要工作小组办公室. 教育规划纲要辅导读本 [M]. 北京: 教育科学出版社, 2010.

[23] 徐东. 我国近代职业教育的变革与发展 [J]. 理工高教研究, 2006（5）: 89-94.

[24] 袁云霞. 走近职教信息化 [J]. 中国职业技术教育, 2001（6）: 31-32.

[25] 余祖光. 职业教育校企合作中工业文化对接的新动向 [J]. 职业技术教育, 2011（25）: 7.

[26] 朱爱国. 稳步发展职业本科教育 [J]. 湖北教育（政务宣传），

2022（5）：8-10.

[27] 李贤彬，李蔚佳，鲍东杰.职业本科教育的发展历程和实践路径[J].教育与职业，2022（15）：47-52.

[28] 王琪，任君庆.中高职教育衔接机制的理论探讨[J].高等工程教育研究，2014（3）：181-185.

[29] 孟源北.中高职衔接关键问题分析与对策研究[J].中国高教研究，2013（4）：85-88.

[30] 许彤，蒋明霞.职业教育高本衔接的研究探讨[J].机械职业教育，2017（6）：5-7.

[31] 张红蕊，唐志远.职业教育中高本衔接的现状与发展策略[J].教育与职业（上），2017（10）：31-35.

[32] 刘荣秀.中高本衔接政策发展与地方实践研究——以北京上海广东为例[J].南方职业教育学刊，2020（4）：1-7.

[33] 陈建生."中高本"一体化技术技能人才培养探索[J].教育与职业，2022（15）：75-78.

[34] 何文娟.中高职衔接一体化教育模式的探索研究[J].现代教育，2018（10）：50-51.

[35] 刘大鹏，王晓红，杨丽娟.终身教育理念下职业教育"中高本贯通"的推进路径探索[J].中国多媒体与网络教学学报（中旬刊），2022（7）：204-207.

[36] 曲克晨，郑戌冰.中高本衔接一体化课程设计探究——基于学分银行角度[J].广播电视大学学报（哲学社会科学版），2020（3）：84-90.

[37] 别文群，伍妍菲.基于现代职业教育体系的"中高本"教材开发探索[J].广东教育，2015（8）：50-51.

[38] 高焕清，石裕勤，余敏."中高本衔接"实施现状与质量保证策略研究[J].湖北科技学院学报，2021（3）：139-142.

[39] 黄云玲，黄淑燕，危静美.园林工程专业中高本衔接课程体系构建的研究 [J].福建教育学院学报，2022（7）：86-89.

[40] 曲丽秋，黄海洋.以一体两维三全四性五保障为引领的中高本贯通人才培养创新与实践：以学前教育专业为例 [J].卷宗，2021，11（21）：330-331.

[41] 王海英，俞燕，丁忠维.学前教育专业中本贯通教育培养的研究与思考 [C].2017年度职教教改论坛论文集，2017：740-744.

[42] 时松."3+4"学前教育专业人才培养的问题与对策 [J].求知导刊，2018（33）：119-120.

[43] 孙敬.学前教育专业中高本贯通人才培养的教学实践研究 [J].现代职业教育，2022（11）：155-157.

[44] 曾姗，杨晓荣，闫志利.中高本课程体系衔接的域外经验与我国实践研究 [J].中国职业技术教育，2017（5）：62-67.

[45] 何文娟."中高本"贯通课程体系构建的探索研究 [J].佳木斯职业学院学报，2019（3）：267-268.

[46] 张海燕.中高本贯通的职业教育立体化课程建设研究 [J].中国职业技术教育，2019（8）：42-46.

[47] 朱军，张文忠.基于能力层次结构理论的职业教育中高本贯通教学衔接探究 [J].职教论坛，2020（8）：54-58.

[48] 马婧，于军，王明霞，等.刍议中高本衔接课程体系建设的问题及对策 [J].陕西广播电视大学学报，2021（1）：78-81.

[49] 田黎莉，双海军.基于职业能力发展阶段理论分级开发中高本贯通课程路径研究 [J].中国物流与采购，2022（5）：51-52.

[50] 高焕清.中高本课程体系衔接策略研究——以咸宁职业技术学院会计专业为例 [J].财经界，2020（26）：119-121.

[51] 胡雪芹.应用型本科院校旅游管理专业"中高本"衔接课程体系建设路径 [J].当代旅游，2022（4）：71-73.

[52] 王钰，卜军伟，韩飒，等. 基于职业能力的汽车服务类专业中高本一体化课程体系构建与实践研究 [J]. 时代汽车，2022（1）：67-69.

[53] 刘成新. 立体化课程的内涵及其特征解读 [J]. 现代教育技术，2010（4）：42-46.

[54] 唐宁，赖玲玲，戴力芳. "中高本"贯通培养课程体系构建——基于跨境电商专业实践经验 [J]. 教育评论，2022（9）：42-46.

[55] 李小敏. 高职教育教学现状初探 [J]. 科教文汇（下旬刊），2009（2）：36.

[56] 张基宏，刘远东，唐高华. 高职工学结合实践教学模式创新 [J]. 职业技术教育，2009（23）：37-39.

[57] 杨蔚. 关于中职教育与高职教育衔接问题的思考 [J]. 益阳职业技术学院学报，2010（3）：53-54.

[58] 夏琰，李京泽. 中高职教育有效衔接的研究与实践 [J]. 科技创新导报，2011（22）：159.

[59] 陈瑶. 中、高、本"一体化"课程改革研究：以工艺美术类专业为例 [J]. 浙江工贸职业技术学院学报，2012（1）：25-29.

[60] 张金豆，杜君. "岗课赛证"背景下大数据与会计专业中高本衔接路径研究 [J]. 张家口职业技术学院学报，2022（2）：22-24.

[61] 石岚，周莉，张宁. 机械设计与制造专业的课程体系——基于中高职衔接及专本衔接的探讨 [J]. 深圳职业技术学院学报，2016（2）：76-80.

[62] 袁耀华. 关于技工学校工作中几个主要问题的意见 [J]. 中国劳动，1959（10）：14-20.

[63] 王明伦. 高职院校跨界文化的培育路径 [N]. 光明日报，2014-06-03.

[64] 覃川. 破解不平衡不充分，高职院校怎么做 [N]. 光明日报，2017-11-02.